DOĞAN KARDEŞ

BİLGİN ADALI

Gençler İçin
Gılgamış Destanı

(Resimleyen: Mustafa Delioğlu)

İSTANBUL

Yapı Kredi Yayınları - 2212
Doğan Kardeş - 178

Gençler İçin Gılgamış Destanı
Uyarlayan: Bilgin Adalı
Resimleyen: Mustafa Delioğlu

Kitap Editörü: Filiz Özdem
Düzelti: Eylül Duru

Tasarım: Nahide Dikel

Baskı: Cem Turan Ofset
Litros Yolu, 2. Matbaacılar Sitesi, C Blok, 2B, C1, Topkapı, İstanbul

1. Baskı: İstanbul, Haziran 2005
ISBN 975-08-0962-9

© Yapı Kredi Kültür Sanat Yayıncılık Ticaret ve Sanayi A.Ş., 2005
Tüm yayın hakları saklıdır.
Tanıtım için yapılacak kısa alıntılar dışında
yayıncının yazılı izni olmaksızın
hiçbir yolla çoğaltılamaz.

Yapı Kredi Kültür Sanat Yayıncılık Ticaret ve Sanayi A.Ş.
Yapı Kredi Kültür Merkezi
İstiklal Caddesi No. 285 Beyoğlu 34433 İstanbul
Telefon: (0 212) 252 47 00 (pbx) Faks: (0 212) 293 07 23
http://www.yapikrediyayinlari.com
e-posta: ykkultur@ykykultur.com.tr
İnternet satış adresi: http://yky.estore.com.tr
http://www.teleweb.com.tr

İÇİNDEKİLER

Önsöz • 7
Giriş • 11
1. Bir Yalnız Kral • 13
2. Enkidu'nun Uruk'a Gelişi • 20
3. Sedir Ormanları ve Humbaba • 23
4. Yolculuk • 29
5. Humbaba'nın Sonu • 34
6. Uruk'a Dönüş ve Gökyüzü Boğası • 42
7. Enkidu'nun Ölümü • 48
8. Enkidu'nun Cenaze Töreni • 56
9. Gılgamış Ölümsüzlüğün Peşinde • 61
10. Gılgamış Utnapiştim'i Buluyor • 66
11. Gençlik Otu ve Yolculuğun Sonu • 76
12. Gılgamış'ın Ölümü • 89
13. Sonsöz • 92

Önsöz

İnsanoğlu, tarih içinde belli bir gelişim sürecini tamamladıktan sonra, sürekli olarak iki şeyin ardından koşmuştur: Bilgi ve ölümsüzlük.

Gördüklerini, yaşadıklarını anlamak, çevresindeki dünyanın gizlerini öğrenip açıklamak, yeni şeyler bulmak, bulduklarını geliştirmek en büyük tutkusu olmuştur insanların.

Günümüzde de böyle değil mi bu?

Ölüm ise, bugün olduğu gibi, 3.000, 10.000, 100.000 yıl önce de korkutucu olmuştur insanoğlu için. İnsanların, ölümsüzlüğün peşinden koşması da, bilmediğimiz zamanlardan bu yana, bir başka büyük tutku olarak süregelmiştir.

Gılgamış, günümüzden yaklaşık 6.000 yıl önce yazılmış, bilinen en eski yazınsal metindir. 19. yüzyıla kadar unutulmuş olan bu öykünün metinleri, İÖ 7. yüzyılda yaşamış olan ve insanlık tarihinin ilk kitaplıklarından birini oluşturan, Asur İmparatorluğu'nun son büyük kralı Asurbanipal'in Ninova'daki kitaplığında 12 tablet halinde bulunarak gün ışığına çıkarılmıştır. 12. tablette Enkidu'nun ölümünün bir başka anlatımı yer alır. Biz bunun yerine, Sümerce bir tabletten yararlanarak, Gılgamış'ın ölümünü anlatmayı seçtik.

Metindeki boşluklar, Mezopotamya ve Anadolu'da bulunan başka tabletlerden elde edilen bilgilerle tamamlanmıştır. Ayrıca, Gılgamış üstüne Sümerce yazılmış beş şiir bulunmuştur. Günümüzde, bu metinleri birleştirerek öykünün tamamını öğrenebiliyoruz.[1]

Okuyacağınız destanda Gılgamış, bir kent devleti olan Uruk'un Kralı olarak tanıtılıyor. Araştırmalar, bu ünlü kahramanın İÖ 2600 dolaylarında yaşamış olabileceğini gösteriyor.

Günümüze ulaşan tüm eski destanlarda olduğu gibi, çok güçlü bir savaşçı, iyi bir hükümdardır Gılgamış. Ne var ki, kendisinden sonra yaratılan kahramanların hepsinden farklı bir yanı vardır. O, bir bilgedir. Düşmanlarını yok etmekle, düş gücümüzü zorlayan yaratıklarla boğuşup onları ortadan kaldırmakla, halkı için yararlı işler yapan iyi bir hükümdar olmakla sınırlı değildir onu bir destan kahramanı yapan erdemler. Gılgamış, bilgeliğiyle, yeryüzünde olan bitenleri bilmesiyle de ünlüdür ve "bilgi"nin peşinde koşan bir kahramandır aynı zamanda. Yüzlerce yıl sonra yaratılmış olan Homeros'un destanlarındaki kahramanlarda bile göremeyiz böyle bir özelliği.

Tanrılar, tanrısal kavramlar, ölümsüzlük, tanrıların ölümsüzlüğü karşısında ölümlü insanın erdemleri, insan yaşamının anlamı ve değeri ilk kez, insanlık tarihinin bu en eski destanında, günümüz insanını bile şaşırtacak doğru saptamalarla karşımıza çıkar. Destanın, yaratılışından 4.600 yıl sonra, yani günümüzde bile, okuyanlarda yarattığı heyecanın nedeni bu olmalı.

Ölüme karşı çıkmak için büyük çabalar harcamış, uzun yollar aşmış, onca serüvenin sonunda ise, onurlu bir insan olarak yaşayıp gelecek kuşaklar tarafından, insanlığa yararlı, onurlu bir insan olarak anılmanın, ölümsüz ama tanrıların kölesi olmaktan daha güzel, daha doğru olduğunu anlayan ve anlatan ilk kahramandır Gılgamış.

Günümüzde kutsal sayılan ve yazılma tarihi bu destandan çok sonra olan din kitaplarında anlatılan kimi öykülere, örne-

---

[1] Farklı çağ ve bölgelere ait tabletler için bkz: Jean Bottéro, *Gılgamış Destanı / Ölmek İstemeyen Büyük İnsan*, çev: Orhan Suda, Yapı Kredi Yayınları, İstanbul 2005.

ğin Nuh Tufanı'na da (halkını ve tüm canlıları tufandan kurtaran Utnapiştim, Nuh'tan başka birisi olabilir mi) rastlarız Gılgamış destanında.

Elinizdeki, çocuklar ve gençler için yalınlaştırılmış metin, Jean Bottéro'nun Akkadcadan Fransızcaya yaptığı çevirinin, Orhan Suda tarafından dilimize aktarılan Türkçe çevirisini ana kaynak olarak alıyor. Metnin daha anlaşılır olabilmesini sağlamak amacıyla, kimi karışık bölümlerde, Stephen Mitchell'in *Gilgamesh*[2] kitabından da yararlandık. Ancak, söz konusu iki kitap da, Akkadca metne bağlı olarak, Gılgamış'ın uzun yolculuğundan Uruk'a geri dönmesiyle biter. Biz bu metnin sonuna, yukarıda da değindiğimiz gibi Sümerce tabletlerde rastlanan, Gılgamış'ın ölümünü anlatan bir bölüm ekledik. Öykü böylece tamamlanmış oluyordu.

Öykünün daha kolay anlaşılabilmesini sağlamak için, özüne dokunmadan, yer yer eklemeler yaptık. Uzun yinelemelerden oluşan kimi bölümleri de kısaltma yoluna gittik. Ayrıca, Bottéro'nun, farklı yerlerde (ve farklı dillerde) bulundukları için, kitabına, "Eski Versiyonun Parçaları" olarak aldığı, öyküyü tamamlayan parçalardan kimi bilgileri de, Mitchell'in çevirisine uyarak metnin içine yerleştirdik. Böylece öykünün sürekliliğini sağlamaya çalıştık.

Özgün metin, kırık, kısa dizelerden oluşmakta. Bu dizelerin önemli bir bölümünü birleştirerek, metnin daha kolay anlaşılır olmasını sağlamaya çabaladık. Yine Bottéro'nun metninde bulunan çok sayıdaki dipnotun, yalnızca metnin anlaşılmasına yardımcı olacağına inandığımız bölümlerini verdik. Kimi bilgileri metnin içine yedirmenin okuyucuya kolaylık sağlayacağını düşündük.

Yukarıda da değinildiği gibi, öykünün özü bozulmadan,

[2] Stephen Mitchell, *Gilgamesh*, Profile Books, İngiltere 2004.

günümüz genç okuyucuları için hazırlanmış özgür bir metin bu. Ama destanın tümünü okumaya zamanı ya da sabrı olmayan herkesin keyifle okuyabileceği bir metin olduğuna da inanıyoruz.

İnsanlık tarihi, birbirine geçmiş bilgilerden oluşan bir zincir gibi uzanıyor zaman içinde. Gılgamış destanı, bu zincirin en önemli halkalarından biri. Yeni bulgular, kazanılan yeni bilgiler ışığında, önemi giderek artıyor bu en eski destanın. Ama bunlar, araştırmacıların, bilim adamlarının işi.

Biz şimdi kendi konumuza dönelim, bakalım Gılgamış ne yaşamış, günümüze ulaşan tabletlerde bu destanı yazanlar Gılgamış'ın öyküsünü nasıl anlatmış...

Bilgin Adalı

Giriş

Yeryüzünün en eski öyküsü bu
şimdi size anlatacağım.
Daha eski öyküler anlatılmışsa da zamanın bir baharında,
hiçbiri yazılmamış
kil tabletlere yüzlerce kez.
Uruk Kralı bilge Gılgamış'ın öyküsü gibi,
taşınmamış hiçbiri binlerce yıl öteden günümüze.
Yazılmayınca, unutulmuş, yitmiş, yok olmuş hepsi.
Söz yitmiş, yazı kalmış Gılgamış'ın zamanından günümüze.
Yazılmış en eski öykü bu okuyacağınız,
yüce kral Gılgamış'ın serüvenleri,
bilgelerin bilgesi, eşsiz kahraman, tanrılara eş tutulan...
Açıklayan oydu bize tüm gizleri,
Tufan'dan önce olup bitenleri.
Dönünce çıktığı uzun yolculuktan,
kazıdı taşlara başından geçen her şeyi,
öğretti bize tüm bildiklerini.

İşte onun öyküsü bu anlatacağımız.

1

Bir Yalnız Kral

Yüceydi o tüm krallardan,
boylu boslu ve yakışıklı.
O değil mi Uruk'u surlarla çeviren,
Yüce Tanrı Anu[3] ile Tanrıça İştar için[4]
eşi benzeri olmayan
kutsal Eanna tapınağını inşa ettiren,
dağlarda geçitler,
tepelerde kuyular açan,
engin denizleri aşan,
Tufan'ın yıktığı tapınakları yeniden kuran?
Yarı tanrı, yarı insan, Yüce Kral Gılgamış.
Bir boğa gibi güçlü,

---

3 Anu, Uruk'un en büyük tanrısı, göklerin tanrısı, tanrıların babası.
4 İştar (Sümerce'de İnana), Uruk'un koruyucusu, "Göklerin Kraliçesi" diye tanınan aşk, bereket ve savaş tanrıçası.

bilgeler kadar akıllı,
kahraman savaşçı,
Lugalbanda'nın Ninsuna'dan doğma oğlu[5],
halkını koruyan kale,
askerlerinin sevdiği kahraman önder,
surlarla çevrili Uruk'un saygın kralı, gözde evladı,
kral olmaya yazgılı yiğit Gılgamış...

Savaşlara girdi, hepsinden zaferle çıktı,
dünyanın yarısını dolaştı.
Yetmedi hiçbiri ona.
Öylesine yalnızdı ki,
ölesiye yalnızdı bir çoban gibi sürüsünün başında
ve unuttu halkını Gılgamış
bırakıp işi gücü, eğlenceye daldı.

Yakındı bundan surlarla çevrili Uruk'un tüm halkı
yakardı Yüce Tanrı Anu'ya.
Duydu onları Anu,
duydu ve seslendi insanları yaratan
Anatanrıça Aruru'ya[6] ve dedi:
"Sen ki insanı yaratansın
git şimdi yarat bir eşini Gılgamış'ın,
öyle biri ki, denk olsun gücü gücüne,
akılda ve yiğitlikte, kasırgaya denk biri."

---

5 Lugalbanda, Uruk'un sonradan tanrılaştırılan koruyucu kralı; Ninsuna, bilgeliğiyle anılan Sümer tanrıçası. (Adı, başka çevirilerde Ninsun diye yazılır. Biz, Bottéro'nun çevirisine uyarak, Ninsuna'yı kullandık. Ninsuna, kulağa da daha hoş geliyor, dilimizdeki Suna gibi...) Destanda bunlar Gılgamış'ın babası ve anası olarak geçer.

6 Aruru, "tohum serpen", Ea'nın yardımıyla insanoğlunu yaratan tanrıça. Belet-ili "Tanrıların Ecesi" olarak da anılır. Kimi metinlerde Enlil'in kız kardeşi (ya da karısı), Anu'nun sevgilisi olduğu anlatılır.

Duyunca Anu'nun sözlerini, yumdu Aruru gözlerini,
bir insan tasarladı Gılgamış'a eş,
bir topak kil aldı eline, bıraktı bozkırın orta yerine
yaratıp korkusuz Enkidu'yu, saldı yeryüzüne.
Savaş Tanrısı Ninurta kadar güçlü ve cesurdu Enkidu,
kıvır kıvır uzun saçları, başaklara benziyordu.
İnsanlardan habersiz ormanda yaşıyordu,
ceylanlarla birlikte otluyor,
onlarla birlikte su içiyordu dere kıyısında.

Günlerden bir gün bir avcı
yüz yüze geldi onunla bir su başında.
Donakaldı avcı korkusundan,
gidip anlattı babasına bu yabanıl adamı,
bozan avlanmak için kurduğu tuzakları,
ağları koparan kaya gibi güçlü Enkidu'yu.
"Avlanamaz oldum onun yüzünden baba..."
"Git surlarla çevrili Uruk'a, Tanrısal Kral Gılgamış'a,"
diye öğüt verdi babası, "kaya kadar güçlüdür o da,
git ve anlat ona bütün bu söylediklerini.
Gılgamış bulacaktır yolunu baş etmenin
yabanda yaşayan bu insanoğluyla."

Ve gitti avcı babasının öğüdüne uyarak,
buldu Gılgamış'ı ve anlattı gördüklerini, dedi:
"Ülkenin en güçlüsü o.
Yaşıyor hayvanlarla birlikte,
bozuyor avlanmak için kurduğum tuzakları,
korkudan, avlanamaz oldum bozkırda."
"Git," dedi ona Gılgamış,
"Aşk tapınağının en güzel kadınlarından birini al ve git,
görünce o güzel kadını, unutacak hayvanları
ve uzaklaşacak tüm hayvanlar ondan."

Ve avcı, İştar'ın tapınağında Rahibe Şamhat'ı[7] buldu.
Birlikte yürüdüler ormana doğru.
Bir kuyunun başında üç gün beklediler.
Üçüncü gün sabah erkenden geldi Enkidu su içmeye
dostu olan geyikler ve ceylanlarla birlikte.
İriyarı ve çok yakışıklı biriydi Enkidu.
Onu görünce, heyecanla titredi Şamhat.
Çayırların üstünde, tüm güzelliğiyle yatıyordu.
Enkidu'nun kendisini görüp yanına gelmesini bekliyordu.
Ve dediği oldu Gılgamış'ın.
Su içerken kana kana, gördü genç kadını Enkidu,
öyle güzeldi ki Şamhat, Enkidu koştu yanına,
hiç görmemişti böyle bir şey.
Kokladı, dokundu. İşini bilen Şamhat,
elini uzatıp tutkuyla okşadı onu.

Şamhat'ın yanında tam altı gün yedi gece kaldı Enkidu.
Sonunda, gitmeye yeltenince sürüsünün yanına,
kaçıp uzaklaştı dostu olan tüm hayvanlar.

"Şimdi öğrendin," dedi Şamhat,
"sevmeyi ve sevilmeyi.
Sen çok akıllısın Enkidu, tıpkı tanrılar gibi.
Niye dolaşıyorsun ki böyle hayvanların arasında?
Gel götüreyim seni Anu ile İştar'ın tapınağına,
yiğitler yiğidi, boğa gibi güçlü Kral Gılgamış'ın yanına."
Başını salladı Enkidu, bir özlem belirmişti içinde.
"Gidelim," dedi, "hadi götür beni Şamhat,
en güçlüleri bile alt eden
Gılgamış'ın yurduna. Bağıracağım orada,

---

7 Şamhat, İştar'ın tapınağında, o çağdaki inançlar gereği tanrıça adına erkeklerle birlikte olduğu için "rahibe" sözcüğünü kullandık. Şamhat, tapınakta tanrıçaya hizmet etmektedir.

kentin orta yerinde, en güçlü benim diye!
Yenişeceğim onunla..."

"O kadar böbürlenme," dedi genç kadın Enkidu'ya,
"Güneş Tanrısı Şamaş sevgiyle sarmaladı onu,
akılla donattı Yüce Anu, Enlil ve Ea.[8]"
Ve anlattı ona gönülçelen Şamhat,
gördüğü düşü Gılgamış'ın, uzun zaman önce,
uyanır uyanmaz anlatıp yorumlattığı anasına:
"Parlak bir yıldız gördüm gökte, kayıp düştü yanı başıma.
Davrandımsa da kaldırmaya, çok ağırdı, gücüm yetmedi
yerinden kımıldatmaya bile.
Uruk halkı toplanmıştı başına görmek için,
bir bebekmiş gibi öpüyorlardı ayaklarını.
Bense okşuyordum onu.
Sonra alıp getirdim ayaklarının dibine senin,
ve sen, ayrım gözetmeden, sanki benmişim gibi baktın ona,
bana ikizim olduğunu söyledin onun."

Böyle anlattı düşünü Gılgamış[9]
ve her şeyi bilen anası Bilge Tanrıça Ninsuna,
şöyle dedi oğluna:
"Gökten kayan bu parlak yıldız,
bu büyük kaya yerinden kımıldatamadığın,
bir armağan sana tanrılardan,
yardımına koşan güçlü bir dost, büyük bir kahraman.
İkizin gibi olacak, hiç ayrılmayacak yanından."
Ve Gılgamış bunları duyunca sevindi, dedi:
"Gerçek bir dost, bir sırdaş tek isteğimdi,
yanım sıra savaşacak güçlü bir yiğit."

---

8 Enlil, Anu'nun oğlu, Rüzgâr Tanrısı; Ea, tanrıların en zekisi, Bilgelik Tanrısı.
9 Burada, günümüzdeki yazınsal anlatımlara çok benzeyen bir geçiş yapıyor destanı yazan, Şamhat'ın anlattığı öyküden Gılgamış'ın annesine anlattığı düşe geçiyor.

İşte böyle anlattı Rahibe Şamhat
Gılgamış'ın gördüğü düşü Enkidu'ya...
Ve çıktılar yola birlikte
gitmek için yeryüzünün en güzel kenti,
surlarla çevrili Uruk'a.

2
Enkidu'nun Uruk'a Gelişi

Çıplaktı Enkidu, çırılçıplak yaşamıştı o güne kadar.
Giysilerinden birini giydirdi Şamhat ona
sonra tuttu elinden bir çocuğu tutar gibi,
yürüdüler çobanların kulübesine kadar.

"Ne güçlü bir adam bu!" diye bağırdı onu gören çobanlar,
"Gılgamış'a benziyor uzun boyu, güçlü kaslarıyla,
bir kalenin surları kadar heybetli…"
Yemedi Enkidu çobanların sunduğu ekmeği,
sundukları birayı içmedi, bu tür yiyeceklere alışık değildi.
Yemesini söyledi kadın ona, "Bu," dedi
"insanların ekmeği ve içeceği."
Ekmeği ısırdı Enkidu, birayı tattı.
Yedi testi bira içti sonra da, keyiflendi.
Kestirdi saçlarını, yağlarla ovdurdu bedenini.

Doğrusu, Gılgamış kadar yakışıklı bir erkekti.
Çobanlar yatıp dinlenirken, kılıcı ve mızrağı elinde
sürülere Enkidu çobanlık etti bütün gece,
kovaladı aslanları, kurtları kovaladı
uyurken çobanlar rahat döşeklerinde.

Bir gün, bir adam gördü Enkidu geçip giden,
çağırıp sordu nereye gittiğini.
"Surlarla çevrili Uruk'ta düğün var.
Konukları bekliyor donanmış sofralar.
Kutsayacak tapınağın rahibi genç çifti,
çekilince damat kendi kıyısına
Yüce Kral Gılgamış girecek önce gelinin koynuna.
Böyle buyurmuş tanrılar, yasa bu,
damadın hakkı, kraldan sonra."[10]

Öfkelendi bunu duyunca Enkidu,
"Gidelim," dedi kadına, "hemen şimdi Uruk'a,
Yüce Kral Gılgamış'ın sarayına.
Göstereceğim ona kim daha güçlü,
kim daha yiğit!"
Böylece düştüler yola
sırtında çobanlardan aldığı giysilerle,
Enkidu önde, Şamhat arkada.

Surlarla çevrili Uruk'un ana caddesinde,
sardı halk Enkidu'nun çevresini.
Dediler: "Gılgamış kadar güçlü ve yakışıklı,
onun kadar uzun boylu olmasa bile,

---

10 İlk kez Mezopotamya'da görülen bu gelenek, sonraki çağlarda İngiltere'ye kadar uzanmıştır. Evlenen genç kızla ilk gece yatma hakkı, kralların, beylerin, vb asillerin olmuştur pek çok ülkede.

Gılgamış'la baş edecek yiğit bu işte."
Hayranlıkla bakıyordu Enkidu'ya delikanlılar,
bir bebekmiş gibi öpüyorlardı ayaklarını.

Tören bitmişti, yatağında kralı bekliyordu gelin kız.
Tuttu düğün evinin kapısını Enkidu
içeri giremesin diye geldiğinde Gılgamış.
Kapıştı iki yiğit kapının önünde.
Öyle bir dövüşe tutuştular ki evlerin arasında
kapılar sarsıldı, duvarlar sallandı
iki yiğit çekişip itişerek
kurtulmaya çalışırken birbirinin kollarından.
Sonunda Gılgamış savurup yere çaldı
bozkırın çocuğu Enkidu'yu,
bastırıp sağ diziyle göğsüne, çiviledi toprağa.
Bitmişti yenişmesi iki devin.
Ve Enkidu dedi: "Sen insanlar arasında teksin,
anan Ninsuna, en güçlüsü ve korkusuzu yapmış seni
yeryüzündeki tüm insanların,
Enlil krallık vermiş sana insanları yönetmen için."
Sonra kucaklaştılar ve öpüştüler,
ve birleşti elleri iki kardeş gibi,
dost olup birlikte yürüdüler.

3

Sedir Ormanları ve Humbaba

Dost oldular ya Gılgamış ve Enkidu,
zamanla dostlukları pekişti.
Zaman çok çabuk geçti ve Gılgamış dedi:
"Şimdi sedir ormanlarına gitmeliyiz,
ağzından alevler fışkıran,
nefesi ölüm kokan o canavar Humbaba'nın yaşadığı yere,
birlikte, onun işini bitirmeliyiz.
Sonsuza kadar uzansa bile orman, oraya gitmeliyiz."
Sordu Enkidu: "Sedir ağaçlarını kurtarıp
insanları yıldırmak için görevlendiren onu, Enlil değil mi,
yüce tanrısı rüzgârların, Humbaba'ya güç veren?
Nasıl gireriz o sedir ormanlarına kötürüm olmadan?"

"Neden korkuyorsun bu kadar,
ölümsüzlük tanrılara özgü,
öleceksek ölürüz biz de, biraz erken, biraz geç ne değişir?
Hani o cesur yüreğin senin, nerede?

Gelmezsen benimle demezler mi,
'Bir yiğit gibi canavarla dövüşerek öldü Gılgamış,
güçlü dostu Enkidu oturdu kuzular gibi evinde.'
Sen ki ormanda aslanları, kurtları
elleriyle öldüren bir yiğitsin, gelmezsen gelme.
Gidip sedir ormanlarına öldüreceğim Humbaba'yı,
ölsem bile bu uğurda, ölümsüz bir ün kazanacağım."

Gılgamış sürgüledi yedi kapısını surlarla çevrili Uruk'un,
oturup altın tahtında, seslendi halkına, dedi:
"Dinleyin beni Uruk halkı, sedir ormanlarına gitmeliyim artık,
acımasız canavar Humbaba'nın yaşadığı yere.
Onu yenip kesmeliyim ormanın yüce sedir ağacını.
Bir tapınak kapısı yaptıracağım ondan.
Böylece öğrenecek herkes gücümü.
İnsanların aklından asla silinmeyecek
bir ün kazanacağım böylece."
Sonra birlikte savaştığı silah arkadaşlarına döndü Gılgamış,
"Kutsayın beni," dedi, "kutsayın ki zaferle döneyim
hiçbir insanın dönmediği bu yolculuktan,
dönüp yeniden göreyim yüzlerinizi,
birlikte kutlayalım yeni yılı Uruk'un sokaklarında,
lir ve davul seslerini duyarak."

Enkidu ayağa kalktı gözü yaşlı,
"Durdurun onu Uruk kentinin saygıdeğer yurttaşları,
bırakmayın gitsin kralınız sedir ormanlarına
savaşmak için o canavar Humbaba'yla.
Çünkü adı ölümle eştir o canavarın.
Enlil dikti onu oraya, kralınızı ölümün kollarına bırakmayın."
Ve kentin uluları Gılgamış'ın önünde eğilip dediler:
"Henüz gençsiniz efendim, yüreğiniz coşkulu.

Kanmayın coşkunuza, atmayın kendinizi Humbaba'nın
alev püsküren ağzına.
Ölüm kokar nefesi onun, kulakları keskindir.
Çok uzaklardan duyar ormanın seslerini.
Çıkmayın sakın Humbaba'nın karşısına,
siz bile karşı koyamazsınız ona."

Onları dinledi Gılgamış ve gülerek dedi:
"Kaçıp gitti mi yüreğinizdeki cesaret?
Yoksa korkuyor musunuz ölmekten bir kahraman gibi?
Hadi gidelim Enkidu, demirciler silah dövsün bize çelikten,
yalnızca kahramanların kullanabileceği türden."
Enkidu sessizce dinledi Gılgamış'ın sözlerini
ve sonra başını sallayıp ilerledi.
El ele tutuşup gittiler demirci ustalarının yanına.
Ustalar, can kulağıyla dinlediler Gılgamış'ı,
sıradan insanların kullanamayacağı kadar büyük ve ağır
her biri otuz kilo çeken baltalar,
sivri hançerler, otuzar kiloluk kılıçlar döktüler.
Saplarını som altınla süslediler.
Silahlarını kuşanan iki dost el ele gittiler
Gılgamış'ın anası Bilge Ninsuna'nın tapınağına,
ve ondan kendilerini kutsamasını dilediler.
"Kutsa ki bizi, zaferle dönelim geri
sedir ormanlarından ve bir kez daha görelim seni,"
dedi Gılgamış. Ve onu hüzünle dinledi Ninsuna.
Yıkanıp paklandı ve giyinip en güzel giysilerini,
adaklar adadı Yüce Şamaş'a,
tütsüler yaktı güzeller güzeli tanrıça.
Hem sorguladı niye böyle bir yürek verdiğini Gılgamış'a,
niye yolladığını onu Humbaba'yla boğuşmaya,
hem de yakardı korusun diye biricik oğlunu

canavar Humbaba'nın uğursuz gücünden.
"Ey yüce Şamaş, görkemli Güneş Tanrısı,
tanrıların en güzeli, yeryüzüne ışık saçan,
yükselişiyle karanlıkları aydınlatan güçlü tanrı,
gündüz sen koru onu tehlikelerden,
buyur ki, yıldızlar korusun onu
en karanlık gecelerde bile.
Gılgamış ve yiğit dostu
Enkidu ormana vardığında
güçlü rüzgârlar gönder Humbaba'nın suratına,
fırtınalar, boralar yolla ki çakılıp kalsın canavar
Gılgamış onu öldürene kadar.
İşit sözlerimi Yüce Tanrı, koru onu kötülüklerden,
oğlum yeniden eve dönene kadar."
Sonra Enkidu'ya seslendi: "Ey yiğit Enkidu,
etimden ve kanımdan değilsin ama oğlum gibisin
kardeş gibisin oğlum Gılgamış'a.
Koru onu bu yolculukta ve geri getir bana."

Gözleri yaş içinde dinledi onu Enkidu.
İki arkadaşın elleri kenetlendi.
Kuşandılar silahlarını, baltalarını ve yaylarını,
artık hazırdılar yola çıkmaya.
Seslendi onlara kentin yaşlıları ve dedi:
"Sağ salim dönün Uruk'a, surlarla çevrili.
Güce güvenmeyin sakın yalnızca.
Yolu bilen sensin, sedir ormanlarına,
önden sen yürü Enkidu, yol göster kralına,
koru onu tehlike karşısında.
Yüce Şamaş, Güneş Tanrısı yolunuzu açık etsin.
Koruyucunuz olsun baban Lugalbanda.
Kısa sürsün savaşınız Humbaba'yla, onu kolayca yenin.

Adaklar sunmayı unutmayın yüce Şamaş'a,
zaferle geri gelin.
Kralımız sana emanet Enkidu, koru onu.
Ormanda yiyecek bulmayı, içecek su bulmayı öğret ona,
geri getir onu surlarla çevrili Uruk'un halkına."

"Gitmekse dileğin, ben de olmalıyım yanında,
yolu bilirim, önden ben yürüyeceğim.
Cesaretle dolsun yüreklerimiz.
Bulalım ve yenelim canavar Humbaba'yı,
tez zamanda geri dönelim."
Böyle dedi Enkidu dostuna ve başladılar o uzun yolculuğa.

4

Yolculuk

İlk gün iki yüz kilometre[11] yürüdüler durmaksızın,
mola verip yemek yediler.
Üç yüz kilometre daha yürüyüp
beş yüz kilometrelik bir yolu aştılar ve konakladılar.
Sıradan insanlar için, bir buçuk ay yürümeye eşti bu.
Üçüncü günün sonunda yüce bir dağa ulaştılar.
Çıkıp dağın doruğuna,
bir avuç un sundu Gılgamış Yüce Şamaş'a,
"Mutlu haberlerin," dedi, "düşünü gönder bana."
Enkidu yatırdı onu çizdiği çemberin orta yerine
sert bir rüzgâr gelip geçerken üzerlerinden.
Çenesini dizlerine dayayınca Gılgamış,
tüm insanlara yaptığı gibi, uyku aldı onu da kollarına.
Gece yarısı ansızın uyandı ve sordu Enkidu'ya:

---

11 Akkadcada, yaklaşık on kilometre olan "berû" cinsinden hesaplanmıştır bu uzaklıklar. Bottéro, kilometreye çevirmiş. Biz de öyle aldık.

"Ne oldu, sen mi dokundun bana?
Yoksa bir tanrı mı geçti yamacımızdan?
Tüylerim diken diken. Bir düş gördüm sevgili Enkidu.
Derin bir vadideydik, yüce bir dağ vardı yukarıda.
Biz sinekler gibiydik dağın yanında.
Ve dağ yıkıldı üstümüze.
Söyle Enkidu, söyle bana bu ne?"

"Korkma dostum gördüğün düş iyiye işaret.
O dağ Humbaba'ydı. Yıkılacak bir dağ gibi.
Yüce Tanrı Şamaş zaferi bize verecek,
öldüreceğiz o canavarı meraklanma,
cesedini bırakıp savaş yerinde, döneceğiz yurdumuza."
Mutlulukla gülümsedi Gılgamış bu haberi duyunca...

Ertesi gün iki yüz kilometre yol daha yürüdüler,
oturup azıklarını yediler.
Üç yüz kilometre daha yürüdükten sonra, konakladılar.
Tamı tamına beş yüz kilometre aşmışlardı gün boyunca,
sıradan insanlar için, bir buçuk ay yürümeye eşti bu.
Yineledikten sonra önceki gece yaptıklarını,
bıraktılar kendilerini yumuşacık kucağına uykunun.
O gece Gılgamış yeni bir düş gördü.
Uyanıp gece yarısı, Enkidu'ya anlattı düşünü:
"İlkinden daha korkunçtu bu geceki düşüm.
Dağ devrilip üstüme, çiviledi beni yere,
parlak bir ışık çıktı, yaktı gözlerimi.
Genç bir adam belirdi ansızın, yakışıklı,
ışıl ışıl pırıltılı, tuttu beni kolumdan,
çekip çıkardı dağın altından.
Su verdi bana, yüreğim sakinleşti.
Söyle sevgili dostum, nedir bunun anlamı?"

"Meraklanma dostum gördüğün düş iyiye işaret.
Devrilen o dağ Humbaba'ydı yine.
Yıktı yere ama, öldüremeyecek seni.
O gördüğün ışıltılı genç, Yüce Tanrı Şamaş'tır,
kurtaracak seni, dilediğin her şeyi verecek."
Mutlulukla gülümsedi Gılgamış,
duyunca söylediklerini Enkidu'nun,
gördüğü düş üstüne...

Üçüncü günün sonunda,
gün boyu beş yüz kilometre yürüyüp uyuduklarında,
ansızın yine uyandı Gılgamış, uykusunun ortasında
ve anlattı dostuna: "Sen bana seslenmedin,
beni sarsıp uyandırmadın ama uyandım, niçin?
Geçerken dokunmadı bana hiçbir hayalet.
Ama paniğe kapıldım, niçin?
Üçüncü bir düş gördüm dostum, hepsinden korkunçtu.
Gök gürlüyor, yer yerinden oynuyordu.
Fırtına bittiğinde, bir ölüm sessizliği sardı her yanı.
Her yer karardı bir anda.
Sonra yıldırımlar düştü ve ağaçlar yandı alev alev.
Alevler söndüğünde, küllerle kaplıydı her yer.
Anlat bana dostum, nedir bu?"
Bir kez daha anlattırdı ona gördüğü düşü Enkidu,
sonra dedi: "Korkma dostum, iyi bir düş bu.
Gökyüzünde kopan fırtına, yıldırım ve alevler,
seni öldürmeye çalışan Humbaba.
Alevlerin yardımıyla bile zarar veremeyecek sana.
Nasıl isterse saldırsın, öldüreceğiz onu sonunda.
Bizim olacak büyük zafer."
Mutlulukla gülümsedi Gılgamış,
duyunca söylediklerini Enkidu'nun.

Beş gün süren bu yolculuk boyunca
her gece yeni bir düş gördü Gılgamış.
Dördüncü gecenin düşünde,
aslan başlı yırtıcı bir kartal saldırdı ona,
bir bulut gibi üstüne çöküp
ağzından alevler püskürterek.
Yanı başında duran genç bir adam,
kopardı boynunu bu canavarın,
kurtardı Gılgamış'ı.
Beşinci gecenin düşünde, güçlü bir boğa
saldırıp devirdi Gılgamış'ı yere.
Onu kurtaran yine aynı genç adamdı.
Korku içinde uyanıp her seferinde,
sordu Enkidu'ya Gılgamış, gördüğü düşün anlamını.
"Korkma," dedi her seferinde Enkidu,
yorumlarken Gılgamış'ın düşünü,
"korkma tanrılar bizim yanımızda.
Ne zaman bir tehlikeyle karşılaşsak,
Güçlü Tanrı Şamaş koşacak yanımıza.
Bizim olacak zafer hiç meraklanma.
En büyük zafer olacak bu,
insanlığın başlangıcından bu yana."

Altıncı günde geldiler
Humbaba'nın yaşadığı sedir ormanlarına.
Daha dururken onlar ormanın kıyısında,
duyuluyordu Humbaba'nın korkunç kükreyişi.
Titriyorlardı, diken diken olmuştu tüyleri.
Gılgamış yakardı Yüce Şamaş'a:
"Unutma, tut bana verdiğin sözü,
Uruk'ta, Ninsuna'ya dediklerini anımsa," dedi,
"koru beni bu tehlikeli yolculukta."

Uruklu Gılgamış'ın söylediklerini duydu Şamaş
ve tanrısal sesiyle seslendi onlara.
Durup dinlediler göklerden gelen sesi:
"Durma, saldır ona şimdi tam zamanı.
Ormanın derinliklerine dalıp saklanmadan
sihirli yedi mantosuna sarınmadan,
yalnızca biri var üstünde şimdi, çıkarmıştı altısını,
mantolarına sarılıp gizlenmeden
saldırıp yakalamalısın Humbaba'yı.
Saklanırsa inine, bulamazsın onu bir daha."

Gılgamış ve Enkidu öylece durdular
sedir ormanının kıyısında sessizce.
Kalmamıştı söylenecek bir söz
Şamaş'ın bu sözleri üstüne.
El ele verip atıldılar ileriye, öfkeli bir boğa gibi.

5

Humbaba'nın Sonu

Kıyısındaydılar sedir ormanlarının, el ele.
Hayranlıkla bakıyorlardı göğe uzanan dev ağaçlara,
önlerinde uzanan, Humbaba'nın açtığı geniş yola.
Sedir Dağı görünüyordu uzaktan,
İştar'ın kutsadığı, tanrıların yaşadığı yüce dağ,
tanrıların otağı, Yüce Tanrıça İrnini'nin[12] tapınağı.
Uzun bir yolları vardı Humbaba'yı bulana kadar.
Ağır baltalarını kavrayıp çektiler hançerlerini
daldılar içine gölgeli ormanın.

Ne ki, bir korku girmişti Enkidu'nun yüreğine ansızın.
"Başarsam bile girmeyi bu ormana,
başarsam bile bir yol açmayı kendime,
felç olacak kollarım, dostum ben gidemem ileriye.
Aldırma bana sen ilerle, öldür Humbaba'yı,
ün kazandır kendine.

---

12 İrnini, sedir dağlarında yaşayan yerel bir tanrıça olmalı. Adından başka bir bilgi yok bu tanrıçayla ilgili.

Döneceğim ben surlarla çevrili Uruk kentine,
ne kadar korkak olduğumu herkes öğrensin diye."
Durdurdu onu Gılgamış, dedi: "Yiğit dostum, kardeşim,
onca güçlüğü aşıp sedir ormanlarına geldik,
ne diye dönecekmişiz geriye başımız öne eğik?
Sen ki dövüşmede usta bir yiğitsin,
güç veren bitkilerle ovuldu bedenin,
onca savaşa girdin, düşmanlarını yendin,
şimdi ölümden korkuyorsun, neden?
Dur gitme, davul gibi inlesin sesin.
Tut elimden birlikte yürüyelim, alevlensin yüreğin.
Unut ölümü, yaşamayı ve zaferi düşün.
Sen olmadan öldüremem ki Humbaba'yı,
hadi gel, birlikte gidelim üstüne düşmanın.
El ele verip kollarsak birbirimizi,
göğüs gerebiliriz her türlü tehlikeye.
Birbirine bağlanmış iki tekne kolay batmaz,
kolayca kopmaz üç katlı bir ip, unutma.
Düşmanın üstüne yürürsek el ele verip
zafer bizim olacaktır inan bana…"

Enkidu dedi: "Hiç karşılaşmadın ki onunla,
hiç yaşamadın bizi bekleyen korkuları,
kolay senin için meydan okumak tanımadığın düşmana.
Ama gördüm ben onu, kanım dondu karşılaşınca.
Bıçak gibi keskin, yabandomuzunu andırıyor dişleri,
kana bulanmış bir aslana benziyor yüzü,
saldırışı, engel tanımayan seller gibi.
Korkum bundandır benim, gel dönelim geri."

Bırakmadı Gılgamış yiğit dostu Enkidu'yu, dedi:
"Sen ki ellerinle boğup öldürdün aslanları, kurtları,
güçlü ve yiğit bir insansın, cesareti sınanmış.
Titrese bile bacakların şimdi, sen bir savaşçısın.
Hadi yükselt sesini, at savaş çığlığını,
yüreğin kabarsın, unut korkuyu gel benimle,
birlikte dövüşürsek yan yana, cesaretle,
adımız onurla yaşayacak sonsuza kadar
dilden dile dolaşacak biz öldükten sonra bile."

Böylece yürüdüler sedir ormanının içlerine
baltaları ve hançerleri ellerinde,
azgın canavar Humbaba'nın izinde.
Sonunda geldiler canavarın inine.
Mağarasının içindeydi Humbaba.
Kanları dondu onu görünce.
Dişlerini göstererek sırıttı Humbaba iki savaşçıya,
kükremeyi andıran bir sesle bağırdı Gılgamış'a:
"Hazırlan ölüme. Asla kavuşamayacaksın yurduna."
Titredi yüreği korkudan Gılgamış'ın,
ağzı kurudu, dizleri titredi, donup kaldı olduğu yerde.

Cesaret verme sırası Enkidu'ya gelmişti.
"Sevgili dostum, yiğit savaşçı, büyük kahraman," dedi.
"Birbirine bağlanmış iki tekne kolay batmaz,
kolayca kopmaz üç katlı bir ip, unuttun mu?
El ele verip omuz omuza dövüşürsek,
hiçbir şey olmaz bize, yürü hadi korkma."
Yürüdüler ine doğru korkusuzca, kol kola.

Kükreyerek dışarıya çıktı Humbaba,
"Tanıyorum seni Gılgamış," dedi.
"Hangi salak yolladı seni buraya,
dövüşmek için Humbaba'yla?
Çek git sedir ormanlarından.
Yoksa ezip parça parça ederim seni,
kanlı cesedin kalır bu topraklarda.
Ve sen Enkidu, baba nedir bilmemiş, ana sütü emmemiş
bir balık ya da kaplumbağanın yavrusu,
çocukken, otlaklarda gördüm seni, sürülerle otlarken.
Öylesine cılızdın ki
dişimin kovuğuna bile girmezdin yemeye kalksam;
o yüzden öldürmedim seni.
Şimdi sensin Gılgamış'ı buraya kadar getiren.
Duruyorsunuz karşımda korkudan titreyen iki kız gibi.
Kafanızı koparıp karnınızı deşeceğim,
leşinizle akbabaları, kargaları besleyeceğim."

Gılgamış geriledi korkuyla ve Enkidu'ya dedi:
"Ne korkunç bir yüzü var Humbaba'nın.
Bir karabasan gibi her an değişmekte,
birbirinden ürkütücü çehrelere dönüşmekte.
Cinlerle sarılmış gibi çevrem, korkuyorum ilerlemeye."
Yanıtladı Enkidu, "Korkma kardeşim ilerle," diye.
"Konuşma bir korkak gibi, yakışmaz bu sana,
korkup geri dönmek yakışmaz bize.
Kimse yenemez bizim gibi cesur iki dostu,
unutma, ne kadar yiğit ve güçlü olduğunu,
kaçmanın değil, saldırmanın zamanı şimdi.
Acıma ona, olanca gücünle vur baltanla."

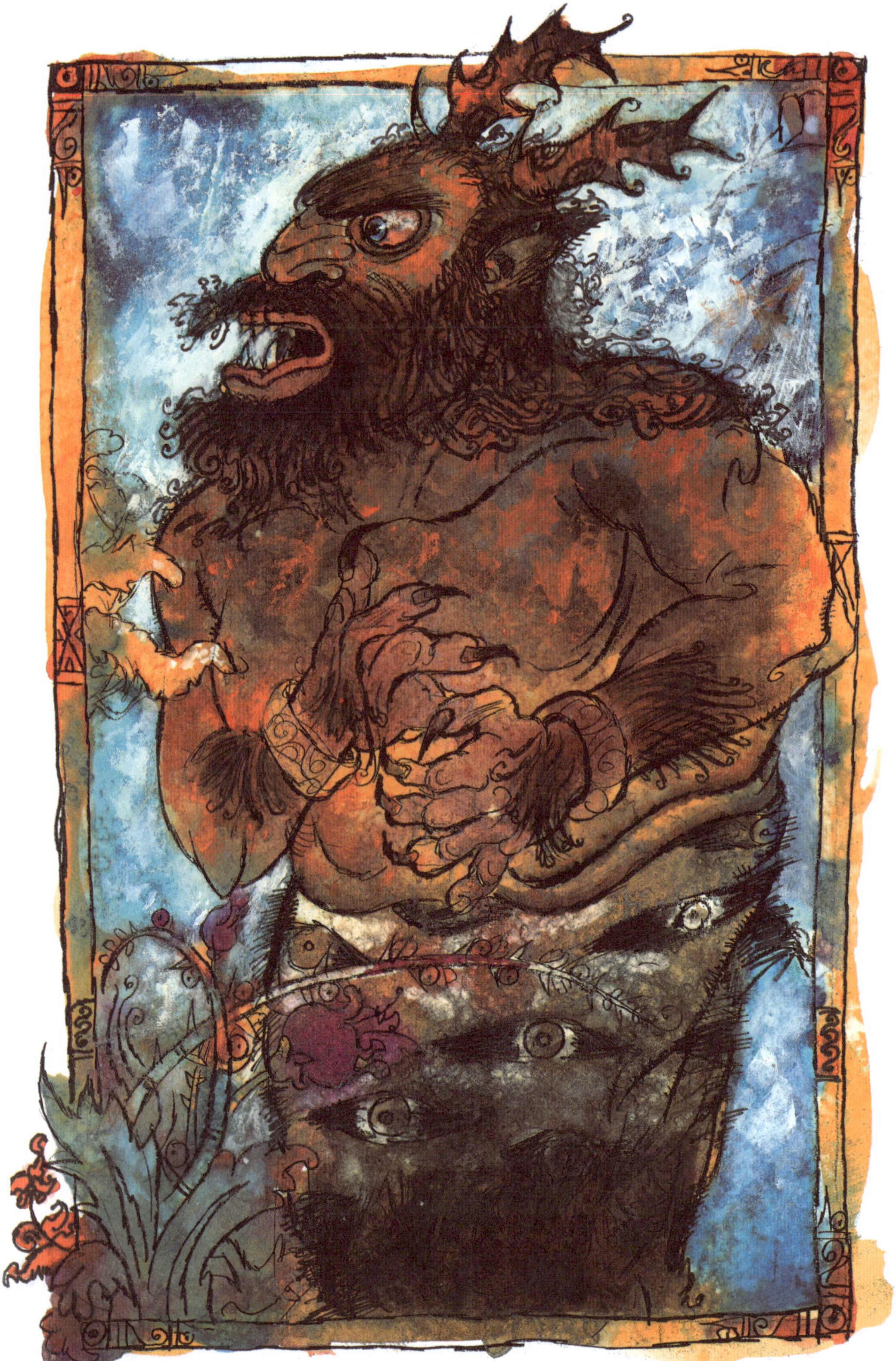

Yeniden kazandı Gılgamış cesaretini,
saldırdılar Humbaba'ya azgın iki boğa gibi.
Kulakları sağır eden bir çığlık attı Humbaba,
o çığlıkla sarsıldı Lübnan dağları,
ölümle karardı gökyüzünün ak bulutları.
Ve saldı Şamaş dehşet fırtınalarını Humbaba'ya karşı.
Kuzey rüzgârı, güney rüzgârı, boralar, kasırgalar,
fırtına ve hortum, toplam on üç rüzgâr saldırdı.
Gılgamış Humbaba'yı başından yaraladı.
Yüzü karardı Humbaba'nın.
Ne kaçabiliyor, ne saldırabiliyordu Gılgamış'a.
Son kez saldırdı Gılgamış bunu görünce,
dayadı hançerini Humbaba'nın gırtlağına.
Bağışlasın diye canını, Humbaba yakardı ona:
"Gılgamış acı bana, bırak yaşayayım sedir ormanlarında.
Bağışlarsan canımı, kölen olurum senin.
Dilediğin kadar sedir ağacı veririm sana.
Bu dağların kralı Şamaş verdi sana Uruk krallığını,
onurlandır onu sedir ağacından yapacağın tapınakla,
bir saray yaptır kendine sedir ağacından.
Kentindeki tüm yapıları güzelleştirecek
ağaçları da saklayacağım senin için,
hepsi senin bunların beni sağ bırakırsan."

"Yapma dostum," dedi Enkidu,
"dinleme bu canavarı sen.
Öldür onu sana bir zarar vermeden.
Kanma sakın verdiği sözlere onun."

"Ölümlüler içinde en iyi Enkidu bilir buranın kurallarını,
insanlara karşı korumam için ormanı,
görevlendirdi beni Enlil.

Öldürürsen beni, yağacak üstüne tanrıların gazabı,
inan bana, acımasız olacak yargıları.
Daha ormana girerken öldürebilirdim sizi,
akbabalara, kargalara yem yapardım cesedinizi.
Acıdım size, acıma sırası şimdi sizde.
Konuş Enkidu onunla, söyle öldürmesin beni."

Ve Enkidu dedi: "Durma dostum bitir onun işini,
Yüce Tanrı Enlil duymadan sesini.
Duyarsa yağdırır üstümüze öfkesini.
Hadi bitir şunun işini, yaşasın adın sonsuza kadar,
Humbaba'yı öldüren yiğit diye ansın seni insanlar."

Anlamıştı Humbaba kurtuluş olmadığını bu kötü kaderden,
lanetledi hem Enkidu'yu, hem Gılgamış'ı, dedi:
"Acılar eksik olmasın üzerinizden.
Dilerim Enkidu sen, kıvranarak ölesin,
ve sen Gılgamış, huzursuz olasın yaşamın boyunca
acı ve hüzünle çatlasın yüreğin."

"Kanma onun sözlerine!" diye bağırdı Enkidu,
"Davranıp sen öldürmezsen, ben öldüreceğim onu."
Enkidu'nun çığlığını duyunca Gılgamış,
baltasını savurdu.
Kan fışkırdı boynundan Humbaba'nın,
ve üçüncü vuruşunda baltanın
devrildi yere, kökünden kesilen sedir ağaçları gibi.
İki yiğit, mızraklarıyla saldırdı üstüne.
Çığlıklarıyla inletti tüm Lübnan'ı Humbaba,
sedir ormanlarıyla kaplı,
ormanlar boyunca kanı, dereler gibi aktı.
Ve zifiri bir karanlığa gömüldü dağ.

Sonra usuldan bir yağmur başladı.
Yağan yağmur,
dağlarda yankılanan çığlığı ve akan kanı yıkadı.
Ölmüştü bekçisi sedir ormanlarının.

Gılgamış ve Enkidu dalıp ormana
baltalarıyla kestiler boy boy uzanan sedir ağaçlarını.
Biri kesti, öteki dallarını temizledi.
Enkidu dedi: "Tanrısal gücünle öldürdün Humbaba'yı,
sedir ormanlarının bekçisini.
Kestik birlikte ağaçların en yücesini,
bulutlara değen sedir ağaçlarını indirdik yere.
Şimdi taşıyıp onları Fırat'ın üstünde,
kocaman bir kapı yapacağız Nippur'da[13]
Yüce Tanrı Enlil'in tapınağına.
Bayram sevinci yaşayacak Nippur halkı
tanrılara adanmış bu görkemli kapıyla."

Kocaman bir sal yaptılar
nehir boyunca ağaçları taşımak için.
Enkidu salı yönetti,
Gılgamış, Humbaba'nın kellesini taşıdı kucağında.

---

13 Nippur, İnanna ve Enlil'in tapınaklarının bulunduğu kutsal kent. Kentte, başka tanrılar adına inşa edilmiş tapınaklar da vardı.

6

Uruk'a Dönüş ve Gökyüzü Boğası

Surlarla çevrili Uruk'a döndüğünde Gılgamış,
yıkandı. Yıkayıp gür saçlarını, bir çatkıyla bağladı.
Sarkıttı lülelerini sırtına.
Atıp kana bulanmış giysilerini, temizini giyindi,
kuşandı altın işlemeli kemerini.
Krallık tacını başına geçirdi.

Görünce Gılgamış'ın çevreye yaydığı ışıltılı güzelliği,
büyülendi tanrıça İştar, alevlendi tanrısal yüreği.
"Hadi evlen benimle," dedi ona, "kocam ol,
karın olayım senin, sunalım aşkı birbirimize.
Göktaşından yapılma,
tekerleri saf altından arabamızla

gidelim sedir ormanlarındaki sarayımıza.
Mavi ve yeşil gözlü hizmetkârlar koşacak etrafında,
bereket ve zenginlik sunacağım sana,
düşlerinde bile göremeyeceğin kadar bol ürün yurduna.
İkiz yavrulayacak koyunların,
yarışta birinci gelecek atların,
ve bir eşi daha olmayacak otlaktaki öküzlerinin.
Ayaklarını öpecek en yüce rahipler,
krallar, prensler önünde diz çökecekler.
Daha nice armağanlar sunacağım sana,
hadi kocam ol."

"Önerdiklerin çok değerli şeyler," dedi Gılgamış,
"nasıl ödeyeceğim karşılığını tüm bunların?
Ödeyebilir miyim takılar, güzel kokular ve giysilerle?
Hava soğuduğunda sönen bir fırından,
rüzgârı içeri geçiren kırık bir kapıdan,
yiğit savunucularının üstüne çöken bir saraydan,
dokunanı lekeleyen katrandan başka nesin sen?
Delik deşik olmuş bir şarap tulumusun, şarabını akıtan.
Kötü bir ayakkabısın sahibinin ayağını acıtan.
Hiç kimseyi sevmedin ölesiye, âşıklarının teki bile,
kurtulamadı senin tuzaklarından.
Söylesene,
tutkun başka yerlere yöneldiğinde ne olacağım ben?"

Böyle dedi ve sürdürdü konuşmasını Gılgamış:
"Hangi kocana sadık kaldın ki bugüne kadar?
Hangisi ağlamadı, acı çekmedi senin yüzünden?
O güzel adam Tammuz'u[14] sevdin gençliğinde,

---

14 Tammuz, (Sümercede Dumuzi) sadık evlat anlamına gelir. İştar'ın yeraltı dünyasına gönderdiği sevgilisi ve kocası.

geçince tutkun, yolladın onu yerin dibine.
Her yıl acılar içinde anılması onun,
senin yüzünden.
Rengârenk tüylü Gökkuzgunu'nu sevdin bir ara,
tutkun geçince, kanatlarını kırıp ormana yolladın onu da.
Kanatları için ağlayarak yaşıyor şimdi ormanda.
Gücüne erişilmez aslanı sevdin,
yedi tuzak kurdun sonra,
düşünce çukurlardan birine, ölüme bıraktın onu da.
Güçlü savaş atını sevdin,
ona kırbacı armağan ettin,
sonsuza kadar koşup yarışlarda,
çamurlu sulardan içmeye yazgılı kıldın.
Sana her gün sıcak kilde ekmek pişiren,
oğlaklarını kurban eden Çobanbaşı'nı sevdin,
sıkıldığın gün, adamı bir kurda çevirdin.
Kendi köpekleri, kendi çobanları kovalar oldu onu.
Sana en güzel hazları tattıran bahçıvanı,
kendi bahçesinde yaşayan bir kurbağaya çevirdin.
Diyelim ki beni çok sevdin,
farklı mı olacak onlarınkinden benim kaderim?"

Bunu duyunca Tanrıça İştar, çığlıklarla fırladı gökyüzüne.
Ağlayarak yakardı babası Anu'yla, anası Antu'ya,[15] dedi:
"Aşağıladı beni Gılgamış, lanetler yağdırdı bana."

"Sen değil misin onu ayartmaya çalışan?" diye sordu Anu,
"Şimdi Gılgamış'tan ne istersin?"
"Gökyüzü Boğası'nı ver bana bir süreliğine baba,
benim için öldürsün küstah Gılgamış'ı, rahatlasın yüreğim.

---

[15] Antu, tanrıların kralı olan Anu'nun karısı, İştar'ın annesi.

Boğayı vermezsen eğer Gılgamış'ın sarayını kül edeceğim,
yeraltındaki ölüleri diriltip yeryüzüne göndereceğim,
sayıları, dirileri aşacak."

Anu, İştar'a dedi ki: "Eğer verirsem sana Gökyüzü Boğası'nı
yedi yıl sürecek bir kıtlık olacak Uruk ülkesinde.
İnsanlar için tahıl, hayvanlar için ot biriktirmen gerekecek."
"İnsanlar için tahıl, hayvanlar için ot biriktirdim baba, önceden,
yedi yıl sürecek büyük kıtlığı düşünerek," dedi İştar.
Ve Anu ona verdi Gökyüzü Boğası'nı.
Çekip götürdü İştar boğayı yeryüzüne, Uruk'un merkezine.
Böğürmesiyle boğanın, sarsıldı tüm yeryüzü,
nehirler ve göller kurudu.
Sonra boğa aksırdı ve yer yarıldı,
yarığa düşüp öldü Uruklu yüz savaşçı.
İkinci kez aksırdığında boğa, ikinci kez yarıldı yer,
iki yüz Uruklu savaşçı daha düştü oraya.
Üçüncü kez aksırışında boğanın üçüncü yarık açıldı
Enkidu'nun yanı başında. İçine düştü Enkidu beline kadar.
Çukurdan fırlayan Enkidu,
yakaladı boğayı boynuzlarından.
Salyalar fışkırdı boğanın ağzından.
Gılgamış yetişti ve dedi: "Dayan dostum, bırakma onu.
Güç birliği yaparsak ormandaki gibi, belli onun da sonu."
Ardına kıvrılıp kuyruğundan yakaladı boğayı Enkidu
ve usta bir kasap gibi sapladı bıçağını Gılgamış
kürek kemiklerinin arasına,
en öldürücü yere.
Sonra çıkarıp yüreğini Gökyüzü Boğası'nın,
götürdüler Yüce Tanrı Şamaş'a armağan etmeye.
Durup yan yana, saygıyla eğildiler önünde tanrının.

Bu sırada İştar, surlarla çevrili Uruk'un duvarlarına çıkıp
Gökyüzü Boğası için yas tuttu ve dedi:
"Gılgamış aşağıladı beni, Gökyüzü Boğası'nı öldürerek."
Duyunca bunu Enkidu, koparıp bir budunu boğanın,
tanrıçanın yüzüne fırlattı ve bağırdı: "Elime geçirseydim seni,
sana da aynısını yapardım,
boğanın bağırsaklarını senin kollarına asardım."
Ve İştar, onun adına kendilerini erkeklere sunan
rahibelerini, fahişeleri ve cariyeleri toplayıp
sunak taşına koyduğu budu önünde boğanın,
ağıtlar yaktı.

Gılgamış, tüm ustalarını çağırdı kentin,
gösterdi onlara iri boynuzlarını Gökyüzü Boğası'nın,
lacivert taşından[16], her biri otuz kilo çeken.
Yağlarla doldurdu Gılgamış içini boynuzların,
babası Lugalbanda'nın tapınağına götürüp astı.

İki dost gidip ellerini yıkadılar[17] Fırat Irmağı'nda[18]
kol kola dönerlerken arabayla saraya,
Uruk halkı onları izliyordu,
sevgilerini sunuyordu bağırış ve alkışlarla.
Ve Gılgamış sordu sarayında hizmet eden kadınlara:
"Söyleyin, kimdir erkeklerin en yakışıklısı, en ünlüsü?
Kimdir yiğitlerin en güçlüsü?"
Dediler: "Gılgamış'tır erkeklerin en yakışıklısı,
Enkidu'dur yiğitlerin en güçlüsü…"

16 Lacivert taşı (lapis lazuli), zümrüt, yeşim gibi değerli bir taş türü.
17 Ellerini yıkama, boğanın kanıyla bulaşan kirden arınmanın simgesi olabilir.
18 Fırat, Uruk kentinin ortasından geçerdi o çağlarda.

Hüzünle dolaştı İştar kentin sokaklarında,
öcünü alacak kimseyi bulamadı.

O gece büyük bir şenlik yapıldı sarayda.
Sonra çekildi iki yiğit uyumaya.
Enkidu korkunç bir düş gördü uykusunda,
uyanır uyanmaz anlattı düşünü Gılgamış'a
ve sordu: "Dostum, söyle neden toplanmış yüce tanrılar?"

7

Enkidu'nun Ölümü

"Sevgili kardeşim," diye söze girdi yiğit Enkidu,
"korkunç bir düş gördüm uyurken dün gece.
Toplanmıştı tüm tanrılar düşümde.
Öldürdüğümüz için Gökyüzü Boğası'nı,
hepsi kızgındı bize.
Yüce Anu dedi: 'Gökyüzü Boğası'nı boğazlayıp öldürdüler.
Öldürdüler sedir ormanlarının bekçisi Humbaba'yı.
Bu yüzden ölmeli o ikisinden biri.'
Sonra Enlil konuştu ve dedi: 'Ölecekse biri,
Enkidu ölmeli, Gılgamış değil,'
Söyle kardeşim, nedir bu?"

İşte böyle anlattı gördüğü düşü Enkidu,
hastalanıp yatağa düştü korku içinde,
ve dedi: "Sevgili dostum, sevgili kardeşim,
tanrılar alacak beni senden.

Dönmemek üzere gidip yeraltındaki ölüler dünyasına,
yaşayacağım orada kardeşimi göremeden."

Dinleyince Enkidu'nun düşünü, ağladı Gılgamış, dedi:
"Sevgili kardeşim, ne bilirsin iyi bir düş olmadığını bunun?
Akıllı bir adamsın ama aptalca konuşuyorsun şimdi.
Yüreğindeki anlamsız korku kıvrandırıyor seni.
Neden kötüye yoruyorsun gördüğün düşü?"

"Çünkü sevgili kardeşim," diye yanıtladı onu Enkidu,
"dün gece gördüğüm ikinci düş daha da kötüydü.
Gök gürledi, sarsıldı yeryüzü.
Hava kararırken bir ovada duruyordum tek başıma.
Aslan başlı bir yaratık çıktı karşıma,
kanatları vardı kartallara benzer, pençeleri aslan gibi,
tırnakları kartal gibi.
Uçup üstüme, saçlarımdan yakaladı beni.
Direnmeye çalıştıysam da beceremedim,
sıçrayıp üstüme kırdı kemiklerimi boynuz vuran bir boğa gibi.
'Gılgamış, kurtar beni, kurtar beni!' diye yalvardım,
ama kurtarmadın, çünkü sen de korkuyordun,
yanımıza gelemedin.
Yaratık sardı beni tüylü kanatlarıyla, sıkıca tuttu kollarımı,
sonra bastırıp yolladı beni yeraltına doğru,
gidenlerin güzelim yeryüzüne bir daha dönemediği,
ölülerin yaşadığı yeraltı ülkesine, Irkalla'ya.[19]
Her yer karanlıktır orada, pislik yer insanlar,
çamur içer su yerine.
Yaratık bir eve tıktı beni, kapısı tozla kaplı.

---

19 Irkalla, cehennemin adlarından biri.

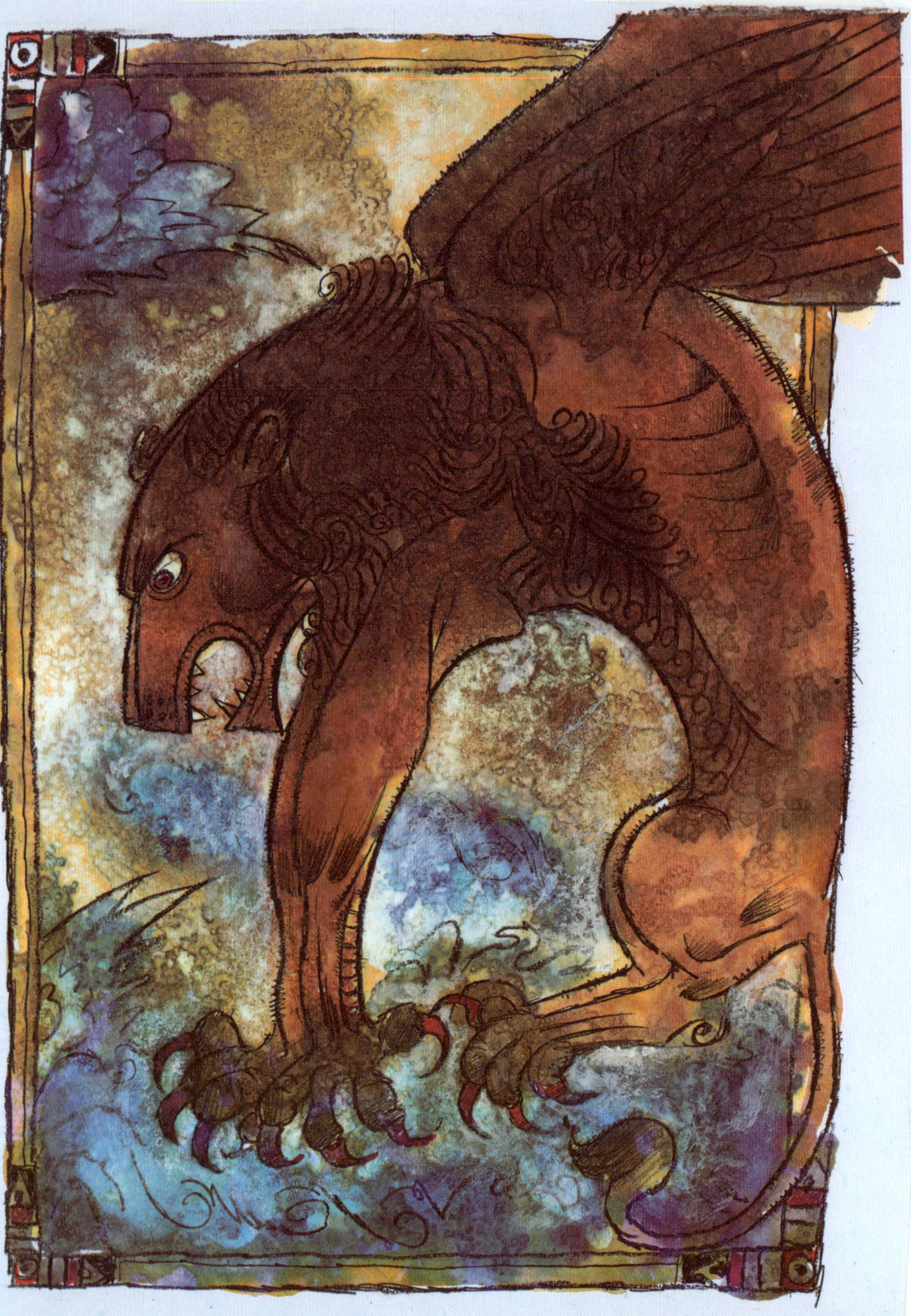

"Sürüyle kral tacı gördüm orada, ülkeleri yönetmiş,
tanrılara kızarmış etler sunmuş,
Anu ve Enlil'in sofralarında ızgara et yemiş,
ölülere ekmek sunmuş, serin sular dökmüş gururlu krallar,
ve peygamberler, ulu rahipler ve şeytan kovanlar,
kuru ekmek yiyip su içiyorlar şimdi.
Kralların en eskisi Etana'yı[20] gördüm orada.
Yaban hayvanlarının tanrısı Samukan'ı gördüm,
yeraltı dünyasının hüzünlü kraliçesi Ereşkigal'i[21] gördüm,
okurken ölen her insan için yazılan tableti.
Görünce beni sordu kraliçe:
'Kim getirdi bu yeni konuğu buraya?' diye."

"Kötü duygular uyandırsa da yüreğinde insanın,
iyi şeylerin habercisi olabilir gördüğün düş,"
dedi ona Gılgamış. "Düşleri tanrılar,
sağlıklı kişilere yollar, hastalara değil.
Şimdi oturup yakaracağım tanrılara yardım etmeleri için.
Şamaş'a yakaracağım ve Anu'ya tanrıların babası,
yol gösteren Enlil'e ve akıllı Ea'ya.
Sana acımalarını isteyeceğim onlardan.
Sonra altından bir heykelini döktüreceğim senin adak için.
Üzülme sevgili dostum, iyileşeceksin yeniden,
sağlığın düzelecek çok geçmeden."

"Altın heykeller bile dostum, geçiremez bu hastalığı,"
dedi Enkidu. "Enlil vermişse kararını, dönmez.
Kaderim belli benim. Ne yapsan değişmez."

20 Etana, Sümerlerin Kiş kentini yöneten hanedanın 13. tanrı-kralı. Tufan'dan sonraki üçüncü kral. Öldükten sonra, yeraltı dünyasının yöneticilerinden biri oldu.
21 Ereşkigal, Cehennemler Tanrıçası.

İlk ışıkları belirince şafağın, yakardı Enkidu
başını kaldırıp Şamaş'a. Yaş doluydu gözleri.
"Sana sığınıyorum tanrım," dedi,
"çünkü kader bana düşman.
Ormanda özgür yaşarken beni bulan o tuzakçı,
yıktı hayatımı benim, onunki de yıkılsın.
Eli boş dönsün evine, hayvanlar kurduğu tuzaklara girmesin,
kaçıp kurtulsun girenler de. Aç kalsın tuzakçı."

Avcıyı lanetledikten sonra Enkidu,
İştar'ın rahibesi Şamhat'a lanetler yağdırdı:
"Sana gelince Şamhat, sonsuza dek sürüp gidecek
bir kader biçiyorum sana da. Ağzımdan çıkar çıkmaz sözcükler,
bu alınyazısı yapışsın alnına, terk etmesin peşini.
Asla olmasın mutlu bir yuvan, bir ailen,
asla sevip okşayamayasın kendi bebelerini.
Erkeğin dövsün seni, kadınların halı dövdüğü gibi.
Damın aksın, hiçbir marangoz onarmasın.
Yabanıl köpekler konaklasın yatak odanda,
baykuşlar yuva yapsın evinin çatısına.
Sarhoşların kusmuklarıyla kirlensin güzel göğüslerin,
birer paçavra olsun çamaşırların, giysilerin.
Yitiresin ne varsa elinde avucunda,
duvar diplerinde sevişesin sarhoşlar ve ayyaşlarla,
dikenler, taşlar kanatsın ayaklarını,
herkes gülerken ardından kahkahalarla,
ıssız sokaklarda yapayalnız sürtesin.
Bütün bunlar ödülün olsun senin Şamhat,
özgür yaşadığım ormanda ayartıp beni,
buraya getirdiğin için."

Enkidu'nun sözlerini duyunca Koruyucu Tanrı Şamaş,
seslendi göklerden tanrısal sesiyle:
"Enkidu, niçin ileniyorsun Rahibe Şamhat'a?
O değil miydi seni besleyen kutsal yemeklerle?
O değil miydi susuzluğunu gideren krallara yaraşır içkilerle?
O değil miydi donatan seni yumuşak giysilerle
ve dost olmanı sağlayan güçlü Kral Gılgamış'la.
Şimdi Gılgamış, rahat bir yatak hazırlatacak sana.
Ayaklarını öpmeye gelecek prensler ve tüm Uruk ahalisi;
herkes gözyaşı döküp ağıt yakacak sana.
Ve Gılgamış saçlarını uzatıp aslan postuna bürünerek
dolaşacak bozkırda, yas tutacak senin için."

Duyunca Yüce Tanrı Şamaş'ın sözlerini,
dindi hemen Enkidu'nun büyük öfkesi, kızgınlığı geçti.
"Şamhat," diye bağırdı, "değiştiriyorum sana biçtiğim kaderi.
Sana lanet yağdıran dudaklarım, şimdi kutsayacak seni.
Prensler ve beyler âşık olsunlar sana.
Senden on kilometre uzaktaki sevgilinin
heyecandan dizleri titresin, yirmi kilometre ötedeki,
saçını başını yolsun sabırsızlıktan.
Savaşçılar, soyunup yanına uzanmak için,
sabredemesinler, yolda çözsünler kemerlerini.
İştar sana cömert sevgililer versin,
elmasa, altına ve lacivert taşına boğsun seni sevgililerin.
Sana değerli küpeler armağan edenlerin
bereketli yağmurlar yağsın tarlasına,
diz boyu büyüsün ekinleri.
Tanrıların tapınaklarına bile kabul edilesin.
Kocalar, yedi çocuk anası da olsa,
karılarını terk etsin senin için."

Enkidu sararıp soluyordu yapayalnız yatağında.
Dostuna anlattı o gece gördüğü düşleri:
"Gök gürlüyor, yer de yankılıyordu sesleri.
Ayakta duruyordum.
Karşımda bir yaratık vardı heybetli,
Anzâ'ya[22] benzeyen; elleri aslan ayakları gibi,
tırnakları kartal pençesi sanki.
Saçlarımdan tutup yere savurdu beni.
Ben kendisine vurmak isteyince sıçrıyordu,
ama o, vurup yere düşürüyordu beni,
sonra bir yaban öküzü gibi tepiniyordu üzerimde.
Boşuna bağırdım sana, 'kurtar beni dostum' diye.
Kurtaramıyordun, çünkü ondan korkuyordun."[23]

Sonra Gılgamış'a döndü Enkidu ve dedi:
"Yanında yürüdüm senin korkusuzca,
nice tehlikelere göğüs gerdik birlikte.
Hatırla beni dostum,
sakın unutma çektiklerimi,
savaşırken senin yanında."

O kötü düşü gördükten sonra,
yitirdi gücünü Enkidu.
Kalkamıyordu yerinden.
Günler geçtikçe, daha kötü hastalandı.
Onuncu günden sonra, Enkidu daha da ağırlaştı.
On ikinci gün yatağında doğrulup Gılgamış'a seslendi:
"Demek ki yakarılarım fayda etmedi dostum.
Savaşırken yardımıma koşan tanrılar,
şimdi beni terk etti.

---

22 Anzâ ya da Anzû, adı efsanelerde geçen dev bir yırtıcı kuş.
23 Burada Enkidu'nun yeraltı dünyasına gidişine ilişkin düş bir kez daha anlatılır.

Sen de mi terk ettin beni dostum?
Korktuğumda, yardıma geleceğini söylerdin bana.
Göremiyorum ama seni yanımda,
ölüme karşı savaşımda.
Hani ya, ayrılmayacaktık hiçbir zaman,
sen ve ben?"

Duyunca sevgili dostunun son nefesini,
acı bir çığlık attı Gılgamış, bağırdı: "Dur, gitme
insanların en güzeli, terk etme beni!
Dur, ölme!
İzin verme benden ayırmalarına seni."

8

Enkidu'nun Cenaze Töreni

Uzun süren gece boyunca ağlayıp durdu Gılgamış
arkadaşının ardından. Ağarınca tanyeri,
şöyle seslendi ona:
"Enkidu, biricik kardeşim benim,
yabanıl ormanlardan geldin sen Uruk'a.
Anan bir ceylandı, babansa bir yabaneşeği.
Antilopların ve geyiklerin sütüyle beslendin sen.
Gezgin sürülerden öğrendin en güzel otlakların yerini.
Sedir ormanına kadar yürüdüğün yollar
ağlasın senin için gündüz ve gece...
Ey surlarla çevrili Uruk'un yaşlıları,
ormana giderken bizi kutsayıp uğurlayan,
ağlayın onun ardından oğlunuz ölmüş gibi.
Ey kalabalıklar, ardımızdan gelip bizi selamlayan,
ağlayın ona.
Dağların dar geçitleri, onunla birlikte aşmıştık sizleri,

yüksek tepeler, otlaklar, ey memleketim,
anasıymışsınız gibi ağlayın onun ardından.
Öfkeyle kan gölüne çevirdiğimiz sedir ormanları,
aslanlar, ayılar, panterler, geyikler, yabani kediler,
dağkeçileri, alageyikler, tüm yabanıl hayvanlar ağlayın,
kıyıları boyunca birlikte gezindiğimiz
sularını tanrılara sunduğumuz nehirler,
kutsal Ula[24], sevgili Fırat, ağlayın ona.
Savaştığımızı izleyen,
Gökyüzü Boğası'nı öldürdüğümüzde bizi alkışlayan
genç yiğitleri surlarla çevrili Uruk'un,
ağlayın ona,
çiftçiler, siz ki hasat şarkılarınızda yücelttiniz onu,
siz ey rahipler,
ona süt ve kaymak getiren çobanlar,
birayla susuzluğunu giderenler,
gövdesini miskle ovan İştar'ın rahibeleri
hepiniz ağlayın Enkidu'ya,
ağıt yakın kız kardeşlerin yaptığı gibi,
yitip giden yiğitlerin ardından
ve saçlarınızı yolun onun uğruna.

"Ben de ağlıyorum Enkidu sana
İşitin beni yaşlılar, işitin beni gençler,
sevgili dostum öldü. Yaşadığım sürece
yas tutacağım onun için, tek çocuğunu yitirmiş
bir kadın gibi ağlayacağım ardından.
Ey Enkidu sen, yanımdaki baltamdın
kolumun güvendiği, kınındaki hançerim,
kalkanım, bayramlık giysim, enli kemerimdin.

---

24 Ula ya da Ulaya, ülkenin güneydoğusunda, aşağı Dicle'nin kollarından birini oluşturan ırmak.

Sevgili dostum, süratli aygır, yaban geyiği,
bozkırların panteri. Zalim kader ayırdı benden seni.
Birlikte tırmanmıştık dağlara,
yakalayıp öldürmüştük Gökyüzü Boğası'nı.
Birlikte yenmiştik sedir ormanlarında Humbaba'yı.
Nasıl bir şey bu seni saran uyku ey Enkidu?
Kararmış yüzün ve solumuyorsun,
ve beni duymuyorsun artık."

Ama Enkidu, yanıtlamadı onu. Gılgamış,
elini koydu sevgili dostunun yüreğine.
Yüreği durmuştu.
Bir gelin gibi duvakla örttü dostunun yüzünü Gılgamış,
bir kartal gibi döndü durdu çevresinde,
yavruları çukura düşmüş bir dişi aslan gibi
saçını başını yoldu, üstündeki giysileri çıkarıp parçaladı.

Sabahın ilk ışıklarıyla Gılgamış,
tüm ülkeye haberciler yolladı:
"Demirci ustaları, kuyumcular, gümüş işçileri,
metal işçileri, değerli taşları işleyenler,
bir heykelini yapın dostum Enkidu'nun.
Bugüne kadar yapılan tüm heykellerden
daha görkemli olsun.
Sakalını lacivert taşıyla kaplayın,
göğsünü altınla. Bin bir renkli, ışıltılı taşlar yer alsın
altınla gümüşün yanında."
Böylece Gılgamış, çok görkemli bir heykelini yaptırdı
sevgili dostu Enkidu'nun, gözleri kamaştıran.

Haberciler gittikten sonra, hazinesini açtı Gılgamış,
kabzası mücevher kakmalı değerli silahlar çıkardı,
yığdı onları üst üste Enkidu için, sevgili dostu,
yeraltı dünyasının tanrılarına sundu.
Şişman öküzler ve koyunlar kurban etti Enkidu için,
etlerini dağlar gibi yığdı.
Ve saray kapısını açtı,
elammaku[25] ağacından yapılmış büyük bir tepsiye,
içi bal dolu kırmızı bir çanakla,
mavi bir çanağı koydu tereyağı dolu.
Ve tepsiyi büyük bir saygıyla Şamaş'a sundu.

Yüce Tanrıça İştar'a armağanı, parlak bir mızrak oldu
sedir ağacından: "Kabul etsin armağanımı İştar,
hoş karşılasın dostumu ve birlikte yürüsün onunla
yeraltı dünyasında. Yürüsün ki,
Enkidu'nun yüreği ferahlasın biraz."
Ay tanrısı Şin'e[26], ağzı obsidiyen[27] taşından
kıvrık bir hançer hediye etti. "Dostumu hoş karşılasın,
yeraltı dünyasında birlikte yürüsün onunla,
Enkidu'nun yüreğini ferahlatsın," diyerek.
Ölüler Kraliçesi Ereşkigal'e, İştar'ın sevgilisi çoban Tammuz'a,
Namtar'a, karanlık tanrıların veziri, yeraltı dünyasının kapıcısı,
ve öteki tanrılara armağanlar seçti birbirinden değerli.
Dizip armağanlarını güzelce, dua etti:
"Tanrılar sunduğum armağanları kabul etsinler,
hoş karşılasınlar dostumu, yeraltı dünyasında
onunla birlikte yürüsünler.

25 Elammaku, Suriye'nin kuzeybatısından gelen ve mobilya yapımında kullanılan değerli bir ağaç.
26 Şin, (Sümerce'de Nanna) Ay Tanrısı, Bereket Tanrısı, Enlil'in oğlu; kimi kaynaklara göre Şamaş'la İştar'ın babası.
27 Obsidiyen, koyu renkli cam görünümünde, çok keskin yüzeylerin elde edilebildiği volkanik taş.

Yürüsünler ki,
ferahlasın yüreği Enkidu'nun."

Cenaze töreninden sonra
çıkıp gitti Gılgamış Uruk'tan.
Saçlarını uzatıp aslan postuna bürünerek,
bozkıra, yas tutmaya gitti.

9

Gılgamış Ölümsüzlüğün Peşinde

Yaşlı Gılgamış acı acı ağlıyordu
dostu için Bozkır'da,
yaşamı ve ölümü sorguluyordu:
"Ölmem mi gerekiyor benim de, Enkidu gibi cansız
uzanmam mı gerek öylece, orada?
İçimi kemiren ölüm korkusu
koşturuyor beni bozkırda, bir oraya, bir buraya.
Bulabilirsem eğer, tanrıların ölümsüz kıldığı tek insanı,
öğrenebilirim ondan sonsuz yaşamın sırrını."

Böylece yollara düştü Gılgamış yeniden,
doğuya doğru yürüdü günler ve gecelerce
tanrıların ölümsüz kıldığı Utnapiştim'i[28] bulmak için.

---

28 Utnapiştim, "yaşamı bulan kişi" anlamındadır (Sümercede Ziusudra - uzun süren yaşam). Büyük Tufan'dan sağ kurtulan Şurrupak kralı. Ailesi ve tüm canlıların tohumlarıyla birlikte Büyük Tufan'dan kurtulduktan sonra, tanrılar ona ölümsüzlüğü bağışlarlar ve ırmakların ağzına yerleştirirler. Sümerlere göre Utnapiştim güneşin doğduğu Dilmun'da yaşardı. (Kahramanın adı, Jean Bottéro'nun çevirisinde "Utanapişti", Stephen Mitchell'in kitabında "Utnapiştim", *Büyük Larousse*'ta "Utanapiştim" diye geçiyor. Biz, Türk okurun daha sık rastladığını düşündüğümüz Utnapiştim'i kullanmayı seçtik.)

İlk gece bir dağın geçitlerine varınca,
orada gezinen aslanları gördü ve korktu.
Geceydi ve Güneş Tanrısı Şamaş yoktu görünürlerde.
Gılgamış yakardı Ay Tanrısı Şin'e,
"Kurtar beni bu korkulardan," diye.
Yatıp uyudu.

Sonunda geldi İkiz Tepeler diye bilinen
ulu dağların önüne.
Dorukları gök kubbeye değen, etekleriyse,
yeraltı dünyasına ulaşan iki ulu dağ.
Güneşin batışını ve doğuşunu kolluyorlardı orada.
Akrep insanlar nöbet tutuyordu giriş kapısında,
güneşin batarken girip yerin altından geçerek
doğudan yeniden çıktığı uzun tünelin.
Öyle dehşetli bir görünümleri vardı ki akrep insanların,
korkudan öldürebilirlerdi sıradan bir insanı.
Ölümün kokusu yayılıyordu bedenlerinden.
Titrediyse de Gılgamış bir an korkuyla
toplayıp cesaretini yürüdü yanlarına.

Akrep adam seslendi karısına:
"Bize yaklaşan adam, bir tanrı olmalı."
Akrep kadın yanıtladı adamı:
"Üçte ikisi tanrı, üçte biri insan."
Akrep adam sordu: "Söyle bana kimsin sen, adın ne?
Niye aştın bunca yolu, dağları bozkırları,
niye geçip geldin denizleri, çölleri,
hiçbir insanın gelemediği bu yere senden önce,
söyle bana, neden geldin?"

"Adım Gılgamış. Surlarla çevrili Uruk'un kralıyım.
Atam Utnapiştim'i bulmaya geldim,
tanrılar toplantısına katılan,
kendisine sonsuz yaşam sunulan.
Sorular sormak istiyorum ona, ölüm ve yaşam üstüne.
Ölümü nasıl yendiğini sormak.
O benim son umudum."

Akrep adam dedi: "Kimse aşamadı İkiz Tepeler'i şimdiye kadar,
kimse giremedi güneşin battığı zaman girdiği tünele.
Zifiri karanlıktır tünelin içi yüz yirmi kilometre boyunca,
bir damla ışık sızmaz oraya."

Gılgamış dedi: "Yüreğime çöreklenen umutsuzluk itiyor beni,
ne dondurucu soğuk, ne kızgın sıcak döndüremez geri.
Tüm güçlüklere rağmen, gideceğim sonuna kadar."

Akrep kadın dedi: "Umutsuzluktan kıvranıyor
bu yiğit adam. Soğuktan donmuş bedeni,
yorgunluktan tükenmiş, kavrulmuş çöl sıcaklarında.
Hadi göster ona Utnapiştim'e giden yolu."

Akrep adam dedi, "Aşağıya, karanlığın derinliklerine iner tünel,
bir damla ışık yoktur sağında, solunda, önünde ya da ardında.
Rüzgârdan hızlı koşmalısın tünelin içinde.
On iki saatten önce çıkamazsan eğer tünelin öteki ucundan,
günbatımında güneş girecektir içeriye,
kimse kurtulamaz onun ölümcül ateşinden.
Hadi gir dağların derinliklerine,
İkiz Tepeler salimen ulaştırsın seni dilediğin gibi,
yeryüzünün bittiği yere.
Tünelin kapısı işte önünde, bekliyor seni.
Dirlik içinde git, dirlik içinde dön geri."

Duyunca akrep adamın söylediklerini,
tam güneş doğmaya başlarken Gılgamış girdi içeri.

Güneş'in yolunda on kilometre koştuğunda,
önü, arkası ve iki yanı zifiri karanlıktı,
en ufak bir ışık yoktu, hiçbir şey göremiyordu.[29]
Hızla aşarak kilometrelerce yolu,
sekseninci kilometreye geldiğinde, korkuyla bağırdı Gılgamış,
önü, arkası ve iki yanı zifiri karanlıktı,
en ufak bir ışık yoktu, hiçbir şey göremiyordu.
Doksanıncı kilometrede serin bir esinti duydu, gülümsedi,
artık yaklaşmıştı. Önü, arkası ve iki yanı yine zifiri karanlıktı,
en ufak bir ışık yoktu, hiçbir şey göremiyordu.
Yüz kilometreyi aştığında,
bir ışık göründü tünelin dibinde.
Yüz yirminci kilometrede, tünelin dışındaydı artık.
Apaydınlık oldu her yer.
Güneş yaklaşıyordu hızla, tünelin çıkışına.
Gılgamış son anda kurtulmuştu.

Tanrıların bahçesi uzanıyordu önünde
dallarında göz kamaştıran değerli taşların bulunduğu,
meyve yerine. Dallarında yakut yetişen,
lacivert taşından çiçekleri salınan,
hurma hevenkleri gibi mercanlar sarkan ağaçlar vardı.
Dallar ışıl ışıl parlıyordu
elmaslar, safirler, zümrütler, incilerle,
daha nice tür ağaç, donanmış tümü mücevherle.
Doyum olmuyordu tüm bunların seyrine.
Dolaştı ağaçların arasında Gılgamış,
hayranlıkla baktı bu eşsiz güzelliklere.

---

29 Bu üç dize, on kilometrelik aralıklarla, sekseninci kilometreye kadar hiç değişmeden yinelenir metinde. Bu yinelemeyi atlayıp sekseninci kilometreye geçtik.

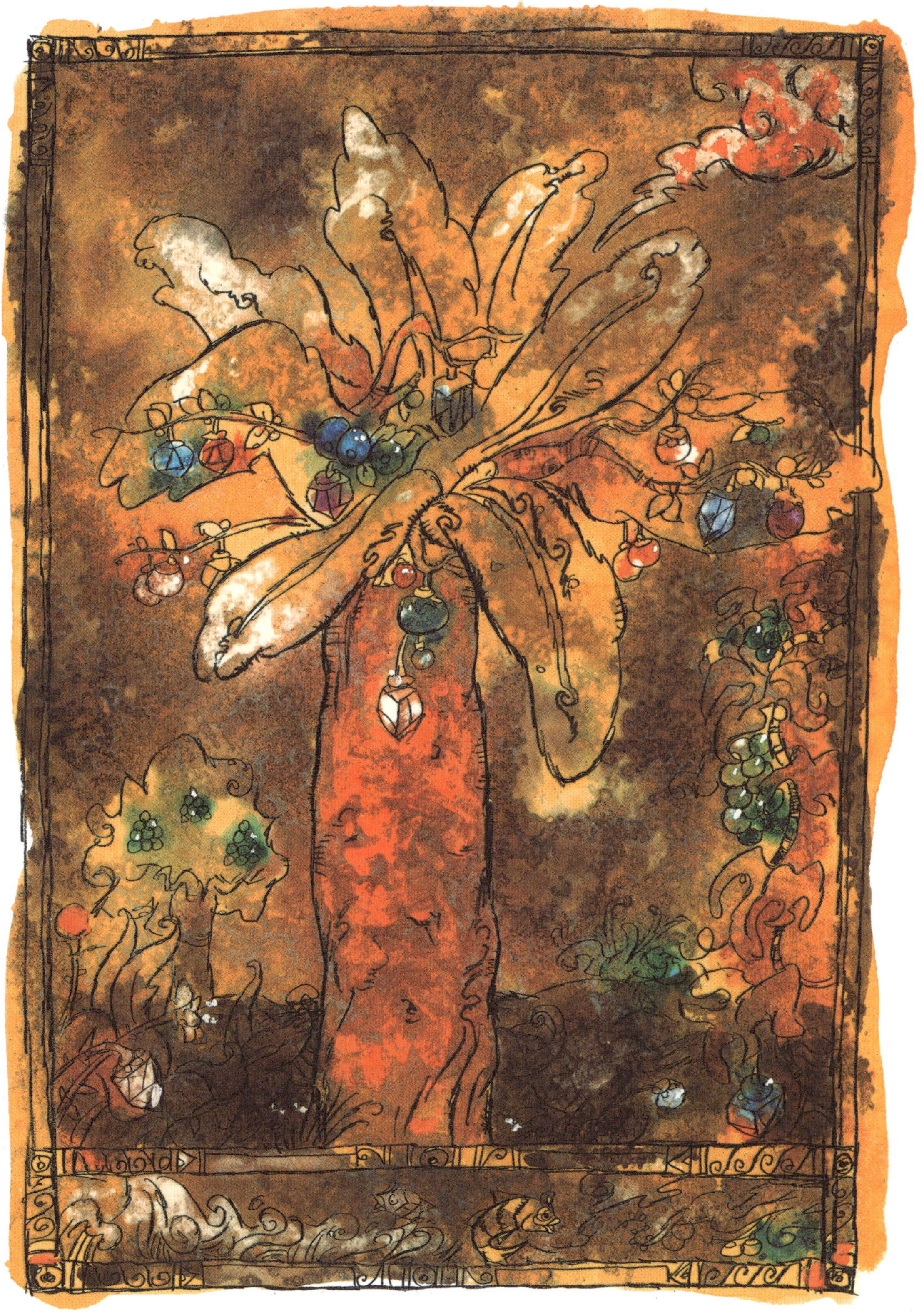

10

Gılgamış Utnapiştim'i Buluyor

Denizin kıyısında oturuyordu tavernacı Şiduri[30]
önünde altın küplü sehpası, yanında bira fıçısı.
Yorgun ve kederli Gılgamış ilerleyince kendine doğru,
dikkatle süzdü tavernacı onu.
"Belki bir canidir bu," diye düşündü.
Kaçıp tavernasına, kapıyı arkadan sürgüledi.
Çıkıp çatıya, Gılgamış'ı oradan izledi.
"Niye kaçtın ki a kadın, kapını niye sürgüledin?
Kırıp kapını, sürgüsünü sökeceğim şimdi
ve gireceğim içeri."

---

30 Şiduri, (Siduri diye de okunur) Bira Üretme ve Akıl Tanrıçası. Akkadcada "o benim siperimdir" anlamına gelir. Hurri dilinde "genç kadın" demektir. Taverna, kadınların kendi ürettikleri birayı sattıkları yerdir. Tavernacı kadınlar, bilgi de verirlerdi müşterilerine.

"Öyle korkunç görünüyorsun ki," dedi Şiduri, "Korkuttun beni.
Ondan sürgüledim kapımı, kaçtım çatıya.
Şimdi söyle bana, adın ne?
 Nereden gelip nereye gidiyorsun?"

"Adım Gılgamış. Surlarla çevrili Uruk'un kralıyım.
Sedir ormanlarının bekçisi Humbaba'yı öldüren benim.
Benim öldüren Göklerin Boğası'nı.
Ben öldürdüm aslanları dağların geçitlerinde."
Seslendi tavernacı Gılgamış'a:
"Madem sensin tüm bunları yapan,
Humbaba'yı, gökten inmiş dev boğayı
ve dağları geçerken aslanları öldüren,
niye çökük yanakların, yüzün niye solgun böyle?
Yüzün dondurucu soğuktan
ve kızgın sıcaktan kavrulmuş.
Yüreğin acıyla dolmuş.
Yığılıp kalıverecek kadar yorgun görünüyorsun, neden?"

Yanıtladı Gılgamış tavernacıyı ve dedi: "Benden başka
kimin yüreği dolsun acıyla, söyle.
Dostum, kardeşim Enkidu öldü,
her tehlikede yanı başımda duran, çok sevdiğim kardeşim,
karşı çıkamadı kaderine insanoğlunun.
Altı gün boyunca izin vermedim gömülmesine onun,
altı gün yedi gece yas tuttum.
Böylesine bir acı karşısında,
belki yeniden döner yaşama diye umdum.
Sonra bir korku doldu yüreğime,
ölümden korktum.
Bozkırda başıboş dolaşmaya başladım.
Yüreğim kaldırmadı kardeşime olan,

yüreğim kaldırmadı ölümünü Enkidu'nun,
gömerek acısını içime, dolaşıp durdum bozkırlarda.
Nasıl acı çekmem
balçığa dönüşürken en yakın arkadaşım?
Ve ben de sonunda onun gibi,
kara toprağa dönüşmeyecek miyim?"

Şiduri seslendi ona ve dedi, " Gılgamış, boşuna bu çaba,
aradığın sonsuz yaşamı bulamazsın asla.
Yaratırken insanoğlunu tanrılar, ölümü de yarattılar,
sonsuz yaşamı kendileri için sakladılar.
İnsanoğlu doğar, yaşar ve ölür,
tanrıların ona çizdiği kader böyle.
Gelene kadar acımasız son,
tadını çıkar önündeki yaşamın,
acıyla değil, mutluluk içinde yaşa hayatını.
Tadını çıkar yemeklerin,
yaşadığın her yeni gün zevk versin sana,
yıkan ve güzel giysiler giyin,
müzikle ve dansla şenlensin evin.
Elini tutan çocuğunu sev, kucakla karını, mutlu et onu.
İşte budur insanlar için en iyi yaşamanın yolu."

"Neler söylüyorsun sen tavernacı?" diye bağırdı Gılgamış,
"Can dostum ölmüş, yüreğim yanıyor.
Enkidu ölmüş yatarken toprağın içinde, yüreğim kanarken acıyla,
bir anlamı var mı şu sözlerinin?
Utnapiştim'e giden yolu göster bana.
Gerekirse aşarım bu denizi bile.
Başaramazsam,
dönerim bozkırlara yine
yüreğimdeki hüzünle."

"Engin denizi aşacak bir yol
bulunamadı hiç," dedi tavernacı Şiduri.
"Yalnızca yiğit Şamaş aşar bu denizi göklerde uçarak,
başka kim yapabilir ki?
Geçit dar, yol çetindir, bin bir tehlikeyle dolu.
Tam ortasında yolun üstelik, akan Ölüm Suyu
bir anda öldürür dokunduğu herkesi.
Oraya kadar gitsen bile ne yapacaksın
Ölüm Suyu'nun öldürücü gücü karşısında?
Sana yardımcı olabilecek tek kişi var; Urşanabi,
Utnapiştim'in kaptanı. Çam ağaçlarını buduyor ormanda.
Taşoğulları[31] eşlik ediyor orada ona. Git söyle dileğini,
kabul ederse, engin denizin ötesine o geçirebilir seni.
Kabul etmezse,
başka yolun yok,
dönmelisin geri."

Duyunca bu sözleri, baltasını kavradı Gılgamış,
kılıcını kınından çıkardı, usulca sokuldu
ormandaki taşoğullarının yanına.
Bir ok gibi atıldı üstlerine iyice yaklaşınca.
Savaş çığlığı yankılandı ormanda.
Urşanabi, keskin kılıcı gördü,
parıltısını gördü baltanın, olduğu yerde donakaldı.
Korkuyla titredi taşoğulları.
Gılgamış bir vuruşta parçaladı onları.
Parçalarını denize attı. Batıp gitti hepsi.
Dönüp önüne dikilince Gılgamış,

---

31 Taşoğulları, Türkçe metinde "Taştangiller", İngilizce metinde ise, "Stone Men - Taş Adamlar" diye geçiyor. Bunların, taştan ama yaşayan yaratıklar olduğunu daha iyi anlattığını düşünerek, "Taşoğulları" sözcüğünü kullandık. Metinde, bunların nasıl yaratıklar olduğuna ilişkin hiçbir açıklama bulunmuyor.

Urşanabi sordu: "Söyle bana, kimsin sen adın nedir?
Ben Urşanabi'yim, hizmetkârı Utnapiştim'in,
'Uzaktaki' diye tanınan."

"Adım Gılgamış," diye yanıtladı.
"Surlarla çevrili Uruk'un kralıyım.
Yüce dağları aşarak geldim buraya.
Güneşin yolculuk yaptığı, yeraltından geçen
gizli yolu aşarak geldim.
Bana, Utnapiştim'e giden yolu göster, öğret bana.
Gerekirse aşarım engin denizleri,
başaramazsam, yine başıboş dolaşırım bozkırlarda."[32]

Urşanabi dedi: "Ey Gılgamış, kendi ellerin engelledi seni,
öfkenle paralarken taşoğullarını,
kapadın denizi aşıp karşıya giden yolu.
Teknemin tayfasıydı onlar,
bir tek onlar aşabilirdi zarar görmeden Ölüm Suları'nı.
Ama dur, üzülme, bir yolu daha var:
Al baltanı gir ormana, her biri otuz metre uzunlukta
yüz yirmi[33] sırık kes. Budayıp dallarını,
düzelt her birinin ucunu ve sapını,
salları itmekte kullanılan sırıklar gibi.
Getir onları bana, burada bekleyeceğim seni."

Daldı ormana Gılgamış elinde baltası ve ağaçlardan
yüz yirmi sırık kesti her biri otuz metre olan.
Dallarını budadı ve düzeltti uçlarını,

---

32 Bu bölümde Urşanabi de sorgular Gılgamış'ı niçin bu kadar solgun ve bezgin olduğu konusunda. Gılgamış, yine aynı sözlerle anlatır öyküsünü ve acısını. Öyküye yeni bir şey eklemediği için kısalttık bu bölümü de.
33 Mitchell'in metninde ve başka tabletlerde üç yüz sırık olarak geçer.

kendisini bekleyen Urşanabi'ye getirdi.
Binip tekneye açıldılar enginlere.

Üç gün üç gece hiç durmadan gittiler.
Altı haftalık yol aldılar üç günde.
Sonunda, Ölüm Suları'na ulaştılar.
"Kenarda durma öyle," diye uyardı Urşanabi.
"Al birinci sırığı[34] itele. Dikkat et ölüm suyu değmesin ellerine.
Sonuna geldiğinde ilk sırığın,
çıkarma sakın onu sudan, bırak gitsin denize.
İkinci sırığı al eline.
Sonra üçüncü sırık, sonra dördüncüsü.
Geldiğimizde sonuna yüz yirmi sırığın,
geçmiş oluruz Ölüm Suları'nı."

Öyle yaptı Gılgamış teker teker alıp sırıkları eline.
Yüz yirminci sırık bittiğinde, çok az yolları kalmıştı kıyıya.
O zaman, aldı kaftanını Urşanabi'nin,
açıp iki kolunu yelken gibi tuttu kaftanı,
ve tekne usulca kaydı kıyıya doğru.

O sırada Utnapiştim kıyıda durmuş uzaklara bakıyordu.
Gelen tekneyi gördü ve düşündü: "Nerede taşoğulları,
teknenin tayfaları? Niye bir yabancı bindirilmiş tekneye?
Kim ola bu yabancı? Hiç görmedim onu daha önce.
Boşuna bakıyorum ona, tanıdıklarımdan hiçbiri değil."

Ve Gılgamış karaya indi.
Gelince yaşlı adamın yanına, dedi:

---

34 Sandal sırıkla ilerletilebildiğine göre, derin olmamalı geçtikleri su. Bir göl ya da bir nehir olabilir. İleride göreceğimiz gibi "ırmakların doğduğu yer"e gitmekteler. 41. dipnotta biraz daha açıklık kazanıyor bu.

"Söyle bana nerede bulabilirim Utnapiştim'i,
tanrıların toplantısına katılan,
kendisine sonsuz yaşam bağışlanan
ölümsüz Utnapiştim'i?"

Utnapiştim sordu: "Söyle, yanakların niye çökük?
İyice süzülmüş yüzün niye,
kavrulmuş gibi
dondurucu soğuktan ve çöllerin sıcağından?
Niye bunca acı yuvalanmış yüreğinde?
Yığılıp kalmak üzeresin yorgunluktan,
çok uzak yerlerden gelmiş gibi, niye?"

Gılgamış anlattı uzun uzun
başından geçenlerin hepsini[35] ve dedi:
"Yüreğim kaldırmadı ölümünü Enkidu'nun,
dolaşıp durdum bozkırlarda.
Nasıl acı duymam
balçığa dönüşürken en yakın arkadaşım?
Ve ben de sonunda kara toprağa uzanıp
yitip gitmeyecek miyim tıpkı onun gibi...
İşte bu yüzden bulmalıyım Utnapiştim'i,
'Uzaktaki' diye çağrılan. Sorup öğrenmeliyim ondan
ölümü nasıl yenebildiğini.
Dolaştım yeryüzünün tamamını,
en aşılmaz dağları, çölleri aştım, tüm denizleri geçtim,
unuttum tatlı uykuları bile.
Yüreğim bitkin uykusuzluktan,
yorgunluktan titriyor kollarım.
Ayılar, sırtlanlar, aslanlar, panterler,

---

35 Gılgamış, yine aynı sözlerle anlatır öyküsünü ve acısını. Öyküye yeni bir şey eklemediği için kısalttık bu bölümü de.

geyikler ve antiloplar öldürdüm.
Kiminin etini yedim, kiminin postuna büründüm.
Sonunda tavernacı Şiduri'ye ulaştım da ne oldu?
Neydi kazancım,
yorgunluk ve gönül kırgınlığından başka?
Şimdi bırak da acılarımın kapısı kapansın ardımdan,
ziftle, katranla sıvansın.
Kader, rahat yüzü göstersin,
felaketlerden uzaklaştırsın ben zavallıyı..."

Bu uzun ve acılı öyküyü dinleyen Utnapiştim dedi:
"Ey Gılgamış, niye abartıyorsun kederlerini?
Karşılaştırabilir misin kendini bir alıkla?
Tanrıların ve insanların teninden yaratıldın sen.
Tanrılar sana kendi yeteneklerini verdiler,
babanmış, ananmış gibi davrandılar sana.
Doğduğun gün sana bir taht ve taç armağan ettiler.
Geyik pisliği verdiler alıklara tereyağı yerine,
bayat ekmeğin kabuğunu verdiler
tanrıların besini olan ekmek yerine.
Görkemli giysiler yerine paçavralar giydirdiler onlara,
ip verdiler süslü kemer yerine, bellerine bağlasınlar diye.
Bilmez alıklar iyi ile kötüyü ayırt etmesini,
hepsi yoksundur akıldan, sağduyudan.
Düşün bunları ey Gılgamış,
düşün ki göresin, her yaptığın,
bir gün daha yaklaştırıyor seni
alnındaki yazgının kaçınılmaz sonuna.
Ne geçti eline bunca çabadan sonra
üzüntü ve yorgunluktan başka?
Geceleri ay gökyüzünü aşar bir uçtan bir uca,
tanrılar izler bizi yukarılardan, hiç uyumadan,

çünkü uyumayı bilmez ve ölümsüzdür onlar.
Böyle kurulmuştur dünyanın düzeni,
en eski zamanlardan beri.

"Evet, aldı tanrılar Enkidu'nun hayatını.
Ama zaten çok kısa değil mi insan yaşamı?
Sazlıktaki kamışlar gibi teker teker kırılacak insanlar.
En yakışıklı delikanlılar,
en sevilesi genç kızlar,
en güzel çağlarında,
ölümün koynunda uyuyacaklar,
uyanamayacaklar.
Yüzünü hiç kimsenin görmediği,
sesini hiç kimsenin duymadığı zalim ölüm,
ansızın yok eder hepimizi, yaşlıyı genci ayırmadan.
Yine de biz, evler kurarız sonsuza dek var olacak.
Sözleşmeler yaparız sonsuza dek geçerli.
Baba mirasını paylaşırken kardeşler, çatışmalar çıkar,
yaşam sonsuzmuş,
o miras, sonsuza dek onlarda kalacakmış gibi.
Kinimiz de sonsuzdur sevgimiz gibi.
Oysa nehirler yükselir ve taşar,
sürükleyip götürür bizi susinekleri gibi,
hiçbir şey kalmaz geriye güneşi gören gözlerden.
Sonrası, ansızın geliveren bir yok oluş,
ölmeden öğrenemeyeceğimiz bir yokluk.

"Uyuyanlar ve ölenler
nasıl da benzerler birbirlerine!
Uyuyan uyanıp açar gözlerini de,
ölüler ülkesine gidenlerden hiçbiri,
bir daha kıpırdatmaz kirpiklerini.

Hiçbiri dönmez geri.
Bu yüzden çizilemedi
ölümün sureti.

Yüce Ana Tanrıça Mammetum,[36]
öteki tanrılarla birlikte çizdi insanların kaderini.
Yaşamı da, ölümü de, bize onlar verdi.
Biliriz yaşadığımızı, yaşadığımız sürece,
ama bilmeyiz hiçbirimiz
ne zaman,
nerede,
nasıl öleceğimizi.
Tanrılar açıklamaz bunu bize."

---

36 Mammetum, insanların yazgısını belirleyen Yüce Anatanrıça'nın adlarından biri. Büyük olasılıkla, ilk kez Anadolu'da heykelcikleri bulunan "anatanrıça" inancının, destanın yazıldığı dönem ve kültürde ortaya çıkan halkalarından biri. Kimi araştırmacılar, bu zincirin son halkasının İsa'nın annesi Meryem olduğunu ileri sürerler.

11

Gençlik Otu ve Yolculuğun Sonu

"Bir tanrıya benzersin sanmıştım seni,
ama hiç de farklı görünmüyorsun benden.
Savaşmaya gelmiştim seninle ama korkmuyorum senden.
Savaşacak gücün kalmamış artık senin,
belli ki yan gelip yatıyorsun,
başka bir şey yapmıyorsun," dedi Gılgamış, Utnapiştim'e.
"Anlat bana nasıl oldu da tanrılar
sana ölümsüzlüğü bağışladılar?"

Anlattı Gılgamış'a bu eski öyküyü Utnapiştim, dedi:
"Bir gizi açıklayacağım sana Gılgamış,
tanrıların bir gizini anlatacağım.
Bilirsin Şurrupak'ı, Fırat kıyısındaki o eski kenti.
Orada yaşardım bir zamanlar,
kralıydım o eski kentin, kararlaştırdığında tanrılar
Büyük Tufan'ı yollamaya yeryüzüne.
Beş yüce tanrı karar verdiler Büyük Tufan için,

yemin etti hepsi de bu kararı gizlemeye: Ataları Anu;
yiğit Enlil, tanrıların danışmanı;
tanrıların saray kâhyası Ninurta;
ve Ennugi, tanrıların kolcusu.
Onlarla birlikte ant içtiyse de tanrıların en akıllısı Ea,
sarayımı çevreleyen kamıştan çitlere fısıldadı bu sırrı.[37]
Bana değil kamış çite fısıldadığı için sırrı,
bozmamış oldu yeminini akıllı Ea.
Ama ben duydum ve dinledim onu. Ea şöyle dedi fısıltıyla:
'Dinle beni ey kamış çit, kamış duvar, unutma sözlerimi,
Şurrupak'ın kralı, Ubar-Tutu'nun oğlu,
hemen ama hemen yık evini, bir büyük gemi yap kendine!
Bırak malını mülkünü, kurtar canını binip gemiye.
Eni boyuna denk olsun yapacağın geminin.
Güvertesini örten çatı, Apsu'yu[38] kaplayan toprak gibi olsun.
Yaşayan her canlıdan bir çift al öyle bin gemiye,
istiyorsan gelecek felaketlerden kurtulmayı.'

"Anladım Yüce Ea'nın söylediklerini ve sordum:
'Yüce tanrım, anladım dediklerini, uyacağım buyruğuna,
ama ne diyeceğim kent halkı ve yaşlılar sorduğunda
niye inşa ettiğimi böyle büyük bir gemiyi?'

"Ea dedi, 'Söyle Enlil'in sana çok öfkelendiğini,
anlat onlara yiğidim, ne bu kentte,
ne de Enlil'in yönettiği yeryüzü ülkesinde kalamayacağını,
gidip seni seven Ea'nın yönettiği Apsu'da yaşayacağını.
De ki, sen gidince Enlil onları bolluk içinde yaşatacak,
kuşlar, balıklar yağacak üstlerine, hasatları bol olacak.

---

37 Gılgamış'tan yaklaşık iki bin yıl sonra Anadolu'da yaşamış Kral Midas'a ilişkin efsanelerden birinde görürüz benzer bir olguyu. Tanrı Apollon öfkelenip eşek kulağına çevirir Midas'ın kulaklarını. Midas'ın bu sırrını kimseye söylemeyeceğine yemin eden berberi dayanamaz, gidip sazlıklara fısıldar "Midas'ın kulakları, eşek kulakları," diye. Rüzgârda salınan sazlar, herkese duyurur bu büyük sırrı. Yemin bozulmamıştır ama sır ortaya çıkmıştır.
38 Apsu, yeraltında bulunan, üstü yer kabuğuyla örtülü tatlı su gölüdür.

Gün doğarken ekmekler,
günbatımında peynirler yağacak gökten,
diledikleri her şeye fazlasıyla kavuşacaklar.'

"Ea'nın dediği gibi tasarladım gemiyi.
Tanyeri ağarırken, toplandı herkes çevreme.
Marangozlar, bıçkıları, baltalarıyla,
kamış ustaları, taş tokmaklarıyla,
ip ustaları, ipleriyle geldiler.
Çocuklar gelirken yanlarında zift getirdiler.
Yoksullar da yardım ediyordu çalışmaya,
kimi ağaç keserek ya da tomruk taşıyarak, kimi çivi çakarak.
Beşinci günün sonunda gövdesi bitti teknenin,
altı yüz metre kare büyüklüğündeydi güvertesi.
Altmış dört metre yüksekliğindeydi gövdesi.
Altı güverte yaptırdım teknenin içine,
yedi kat oldu içi böylece.
Her güverteye dokuz bölme yaptım,
tüm delikleri su geçirmez takozlarla tıkadım.
Direkleri ve öteki donanımları getirttim güverteye.
On bin sekiz yüz litre zift doldurdum kazanlara,
bir o kadar zift üretip gemiyi kalafatladım yarısıyla,
yarısını da sakladım sonraya.
Sığırlar ve koyunlar kestirdim çalışan ustalar için her gün,
fıçılar dolusu bira ve şarap sundum onlara.
Tüm bu işler bitince yedinci günün sonunda,
bir bayramı kutlar gibi eğlenerek kutladık.
Güç de olsa, tomrukların üstünde kaydırarak
indirdik gemiyi nehre.
Üçte ikisi gövdesinin, gömüldü suya.
Neyim var neyim yoksa değerli,
ne kadar altınım, ne kadar gümüşüm varsa hepsini,

tüm hane halkımı, evcil ve yabanıl hayvanların hepsini,
bilginleri ve ustaları ve zanaatkârları,
hepsini doldurdum gemiye ertesi gün.

"Sonunda Şamaş duyurdu bana zamanın geldiğini:
'Gün doğarken ekmekler yağdığında gökyüzünden,
ve gün kararırken buğday yağdığında, bin teknene,
ambar kapaklarını sıkıca kapat.'

"Korkunç bir görünümü vardı gökyüzünün.
Sarayımı, gemici Puzur Amurru'ya armağan ettim her şeyiyle,
teknemi su geçirmez kılan.
İnip geminin ambarına, kapattım kapaklarını.

"Gün doğarken, kara bir bulut yükseldi ufukta.
Gürlüyordu Fırtınaların Tanrısı Adad, kara bulutun içinde,
yıkımın ikiz tanrısı Şullat ve Haniş önden gidiyordu.
Nergal, Savaşın ve Sellerin Tanrısı ve Ninurta,
açıverdiler gökteki sel kapaklarını,
salıverdiler suları aşağıya, yeryüzüne.
Tüm ülkeyi ateşe verdi cehennem tanrıları.
Adad sustu birden, ışıyan her şeyi karartarak.
Kil çömlek gibi parçaladılar tüm ülkeyi.
Kudurmuş gibi esti fırtına gün boyu, sağanaklar boşandı,
lanet yağdı yeryüzüne, seller bastı dört bir yanı,
bir savaş gibi kırdı insanları.
Göz gözü görmüyordu oluk oluk akan sularda,
kendi ellerini göremiyordu insanlar.
Giderek azgınlaştı yağmur,
öylesine azdı ki tufan, tanrılar bile kaçıp sığındılar
göğün en tepesindeki sarayına Anu'nun.
Ama kapatmıştı sarayının kapılarını Anu,

saray duvarının dibine köpekler gibi büzüştü hepsi.
"Güzel sesli Tanrıça Belit-ili[39],
doğuran kadınlar gibi bağırıyor, sızlanıyordu:
'Tanrılar toplantısında konuştuğum gün,
bu felakete izin verdiğim gün hiç olmasaydı.
Nasıl izin verdim kendi çocuklarımı yok etmeye
göndererek üstlerine böyle bir tufanı?
İnsanları dünyaya, çoğalsınlar, denizdeki balıklar gibi
yeryüzünü doldursunlar diye getirdim ben.
Nasıl izin verdim böyle bir kötülüğe?'
Öteki tanrılar da sızlanıyordu onunla birlikte.
Bitkindi hepsi, ağlıyorlardı üzüntüden Belit-ili'yi dinlerken.
Kavrulmuştu dudakları susuzluktan, kabuk bağlamıştı.

"Altı gün ve yedi gece boyunca hiç durmadı,
yeryüzünü kasıp kavurdu Büyük Tufan.
Yedinci günde, ortalık ağarırken, yağmurlar durdu.
Dindi fırtına, tufan durdu, denizler duruldu.
Çevreye baktım, hiçbir kara parçası görünmüyordu,
sularla kaplıydı her yan dümdüz bir dam gibi.
Hiçbir ses duyulmuyordu, hiçbir yaşam izi yoktu ortalıkta.
Tüm canlılar ölmüştü, insanlar balçığa dönüşmüştü.

"Bir hava deliği açıp üstüme düşen gün ışığını kutsadım,
diz çöküp ağladım sessizce,
gözyaşlarımla yıkandı yanaklarım.
Sonra doğrulup uzaklara baktım.
Yüz metre ötemde kıyı görünüyordu.
Nissir[40] Dağı olmalıydı bu. Tekne bu dağa oturmuştu,

---

39 Belit-ili, Tanrıça Aruru'nun öteki adı.
40 Nissir Dağı, Nimuş olarak da adlandırılır. Kerkük'ün doğusunda bulunan, şimdiki adıyla Pir Ömer Gudrun Dağı. Çeşitli kaynaklarda ve kutsal kitapta, farklı dağların adı verilir. Kimi araştırmacılara göre burası, bugünkü Ağrı (Ararat) Dağı'dır.

sıkıca tutmuştu dağ tekneyi, bırakmıyordu.
Altı gün, yedi gece boyunca Nissir Dağı, bırakmadı tekneyi.
Yedinci gün, bir güvercin saldım gökyüzüne.
Güvercin uçup gitti, bulamadı konacak bir yer, geri döndü.
Bekledim ve sonra bir kırlangıç uçurdum gökyüzüne.
Gitti ve geri döndü kırlangıç,
bulamamıştı konacak bir yer o da.
Bekledim ve sonra bir karga saldım gökyüzüne.
Karga gitti, bulduğu konacak yerde karnını doyurdu ve uçtu,
dönmedi bir daha. Belli ki çekiliyordu artık sular.

"Sular iyice çekilip karalar belirdiğinde,
teknedeki tüm hayvanları serbest bıraktım.
Bir sofra kurdum dağın tepesinde,
bir koyun kesip tanrılara adadım.
Şarap dolu yedi tören küpünü yerleştirdim her yana,
güzel kokulu kamış, sedir ve mersinağacı yaprağı
yaktım buhurdanlarda.
Bu güzel kokuları alınca tanrılar,
sinekler gibi üşüştüler sofraya.

"Sonra Aruru geldi, yüce tanrıça,
havada salladı lacivert taşlarıyla bezeli kolyesini,
sevdaları tazeyken Anu'nun armağan ettiği.
Bağırdı: 'Bu değerli armağan adına yemin ederim ki,
asla unutmayacağım bu uğursuz günleri.
İsterse gelebilir bu şölene tüm tanrılar,
ama Enlil asla gelmemeli,
çünkü o karar verdi bu anlamsız tufana,
acımadan attı çocuklarımı ölümün kucağına.'

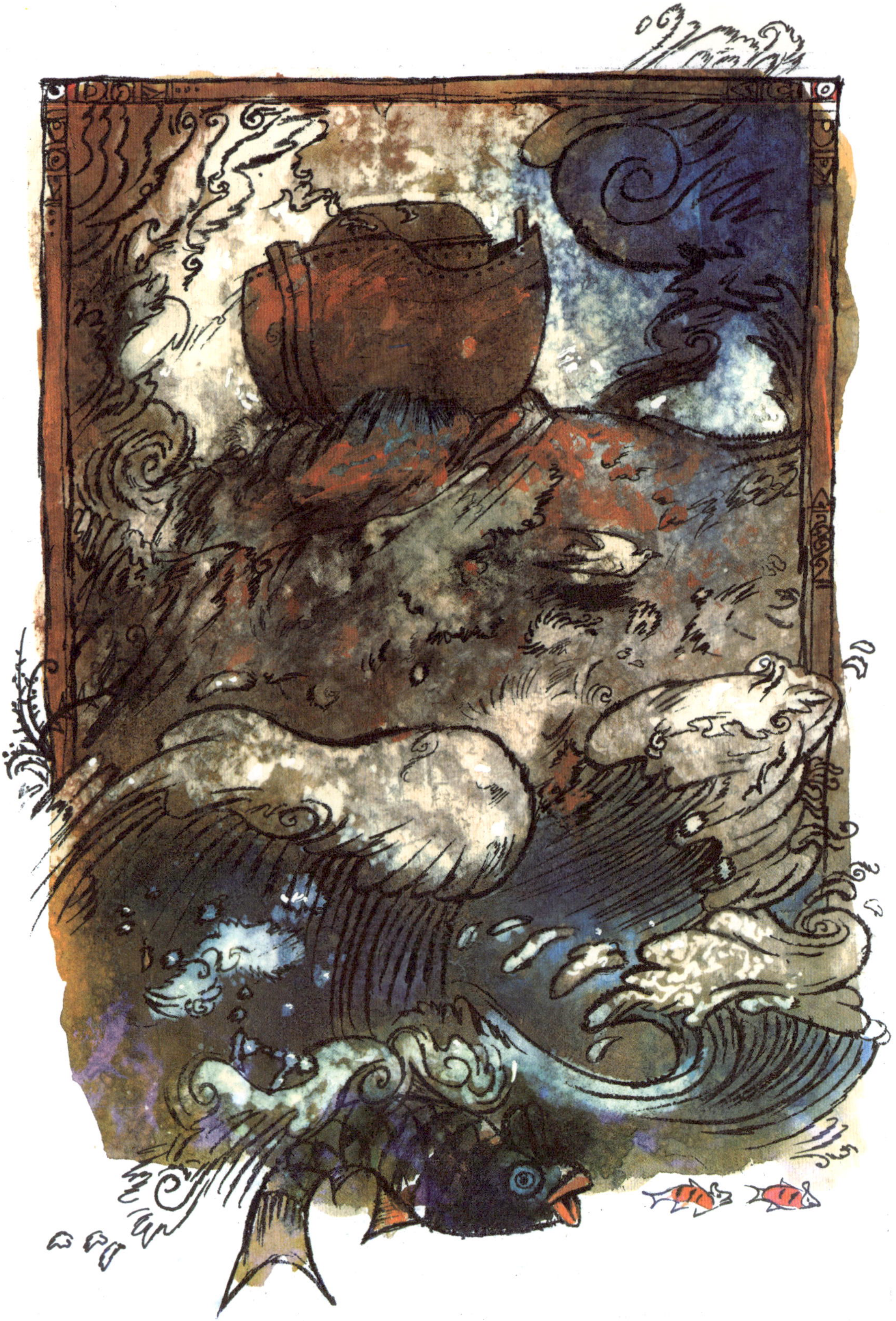

"Ama geldi Enlil, ve görüp tekneyi tanrılara ateş püskürdü:
'Bir tek insan bile kurtulmayacaktı bu tufandan!
Demek ki biri var bunlara yardımcı olan. Kim o?'

"Ninurta yanıtladı onu, dedi: 'Kim olabilir,
aramızdaki en akıllı, en kurnaz tanrı Ea'dan başka,
kim başarabilir böyle bir şeyi?'

"Ve Ea açıp ağzını döktü kafasındakileri bir bir,
Yiğit Enlil'e şöyle dedi: 'Sen ki en bilgesi, en yiğidisin
tüm tanrıların, nasıl acımadan böyle bir karar verdin?
Suçlu suçunun, günahkâr günahının cezasını çeksin,
öldür onları istersen, ver cezaları neyse,
ya da acı, onları bağışla.
Yakışır mı tüm insanları öldürmek bir tanrıya?
Keşke olmasaydı bu tufan,
aslanlar ya da kurtlar öldürseydi insanları.
Keşke olmasaydı bu tufan,
açlık ya da salgın hastalık öldürseydi insanları.
Ettiğim yemine gelince, bozmuş değilim yeminimi,
açıklamadım kimseye tanrıların sırlarını,
kamıştan bir çite fısıldadım yalnızca.
Oradaymış Utnapiştim ve duymuş sözlerimi,
ne yapabilirdim ki?
Şimdi senin yargına bağlı onun kaderi.'

"Bunun üstüne Enlil, gemiye çıktı, tuttu elimi
ve karımın elini tuttu, bize diz çöktürdü,
alnımıza dokundu elleriyle ikimizin arasında durarak,
ve kutsadı bizi ve dedi:
'Ey tanrılar duyun söyleyeceklerimi,
Utnapiştim ve karısı bugüne kadar ölümlü birer yaratıktılar,

bundan böyle ikisi de, tanrılar gibi ölümsüz olacaklar.
Uzakta, ırmakların doğduğu yerde[41]
sonsuza dek yaşayacaklar.'
Böyle dedi Enlil ve tanrılar getirdi bizi bu uzak ülkeye,
ırmakların doğduğu yere.
Söyle bana Gılgamış kim toplayacak tanrıları senin için?
Nereden anlayacaklar ölümsüzlüğü hak ettiğini senin?
Önce bir sınavdan geç, uykuyu yenmeyi dene,
gözünü kırpmadan uyanık dur altı gün yedi gece.
Alt edebilirsen uykuyu, belki yenersin ölümü de."

Bitirince sözünü Utnapiştim,
sırtını duvara dayayıp oturdu Gılgamış.
Aynı anda bir sis gibi sardı uyku onu.
Utnapiştim karısına dedi: "Şu yiğide bak, ölümsüzlüğü arayan,
birdenbire sardı, sarmaladı uyku onu."
Karısı dedi: "Dokun omzuna uyandır onu,
yolla dönsün ülkesine, kapısından geçip sağ salim,
dönsün kendi kentine."

Utnapiştim dedi: "Düzenbazdır tüm insanlar,
göreceksin nasıl aldatmak isteyecek bizi uyandığında.
Uyuduğu her gün için bir ekmek pişir ona, koy başucuna.
Her gün için bir çentik at yanındaki duvara."
Böylece Utnapiştim'in karısı, her gün bir ekmek pişirdi,
koydu Gılgamış'ın yanına ve bir çentik attı duvarına.

Ekmeklerin ilki, sertleşti, taş gibi oldu,
ikincisi kurudu, köseleye döndü,
üçüncüsü büzüşüp ufaldı. Dördüncünün üstünde,

---

41 Kimi araştırmacılar, kutsal kitapta da adı geçen bu "ırmakların doğduğu yer"in, Mezopotamya'ya hayat veren Fırat ve Dicle'nin doğduğu yer, yani Doğu Anadolu olduğunu ileri sürerler.

beyaz lekeler belirdi.
Beşinci, beneklenip küflendi.
Altıncısı bayatladı.
Yedinci ocağın üstünde pişmekteydi.
Dürterek uyandırdı Utnapiştim Gılgamış'ı.
"Tam dalacakken uykuya, uyandırdın beni," dedi Gılgamış.
Duvardaki çentikleri, yerdeki somunları gösterdi Utnapiştim ona,
dedi: "Bak dostum, kaç gündür uyuduğunun kanıtı burada.
Sen uyurken pişirdi bunları karım,
bu çentikleri attı arkandaki duvara.
Bu kadar gün tamı tamına, uyudun sen.
Şimdi, yedinci ekmek pişerken uyandırdım seni."

"Öyleyse ne yapmalıyım, nereye gitmeliyim
söyle bana Utnapiştim?" diye sordu Gılgamış,
"Yatak odamda ölüm var, attığım her adımda,
baktığım her yerde ölüm var.
Her yerde beni bekliyor, bana hükmediyor demek ki."

Utnapiştim, şöyle dedi gemici Urşanabi'ye: "Bu son kez
denizleri aştığın buraya gelmek için. Bu liman da,
binip geldiğin gemi de nefret ediyor senden.
Sen ki bu kıyılara gelip giderdin, unut bunu.
Getirdiğin bu adam pislik içinde ve yorgun.
Düş önüne, yıkanmaya götür onu, saçları temizlensin.
Atsın sırtındaki postu denize, dalgalar uzağa götürsün.
Yağlarla ov bedenini, yeni bir saç bağı dola başına,
çıksın güzelliği ortaya.
Krallara yaraşır giysiler giydir ona, yurduna ulaşana kadar
eskimesin giysileri, yepyeni kalsın."

Urşanabi, yıkanmaya götürdü Gılgamış'ı. Saçlarını yıkadı.
Denize attı kuşandığı postu, dalgalar götürsün diye.
Hoş kokulu yağlarla ovdu bedenini,
alnına yeni bir saç bağı bağlayıp saçlarını topladı.
Vücudunun güzelliği ortaya çıktı Gılgamış'ın.
Güzel giysiler giydirdi ona, yurduna giden yolun
sonuna dek eskimeyecek, krallara yaraşır giysiler.
Küçücük tekneye bindiler sonra Gılgamış ve Urşanabi,
başladılar kıyıdan ağır ağır açılmaya.
Ama bağırdı karısı Utnapiştim'in, "Durun!" diye.
"Onca yoldan geldi Gılgamış, bin bir eziyetle.
Bir hediye vermeden mi yollayacaksın onu
götürsün diye kendi ülkesine,
böyle eli boş mu gidecek?"

Duyunca bunu Gılgamış, yaklaştırdı tekneyi
bir sırık yardımıyla kıyıya, ve Utnapiştim
şöyle dedi ona: "Gılgamış, onca eziyet çekip geldin buraya,
ülkene dönerken bir sır vereceğim sana.
Tanrıların bir sırrı bu:
Bir bitki yeşerir denizin en derin katında,
böğürtlen gibi dikenlidir dalları, gül gibi sivri dikenli.
Paralar dokunanın ellerini. Gençlik otudur bu.
Bulursan onu, bulmuş olursun uzun yaşamın yolunu."

Ağır taşlar bağladı ayağına Gılgamış duyunca bunu,
batırdı taşlar onu en derin katına denizin.
Bitkiyi buldu, yakaladı, parmakları parçalandı,
kesti iplerini ayağına bağlı taşların,
suyun gücü onu yukarıya fırlattı,
dalgalar, kıyıya taşıdı, soluk soluğa çıktı sudan Gılgamış.

Gemici Urşanabi'ye gösterdi Gılgamış elindeki bitkiyi ve dedi:
"Gel bak şuna, işte ölüm korkumu yenecek bitki,
gençliğine kavuşturuyor bir parça yiyen herkesi.
Surlarla çevrili Uruk'a götürüp
bir yaşlıya vereceğim denesin diye,
gençleşirse o yaşlı adam, ben de yiyeceğim
gençliğime kavuşmak için yeniden."

Ve yola çıktılar, iki yüz kilometre yol aldılar,
durup karınlarını doyurdular,
üç yüz kilometre daha yürüyüp konakladılar.
Serin bir gölet buldu Gılgamış,
bitkiyi kıyıya bırakıp sulara daldı.
Öyle hoştu ki yayılan kokusu bitkinin, bir yılan kokuyu aldı,
usulca yaklaşıp bitkiyi kaptı
ve derisini değiştirdi kapar kapmaz, bir ok gibi kaçtı.

Görünce yılanın yaptığını, oturdu Gılgamış, ağladı.
Tutup Urşanabi'nin elini, ağlayarak yakındı:
"Ne yapacağım şimdi ben? Boşa gitti onca çabam,
boşuna yoruldu kollarım, boşuna paralandı parmaklarım.
Bir iyiliğim dokunmadı kimseye
o eşsiz bitkiyi çalan sürüngenden başka.
Şimdi iyice yükseliyor suyu denizin,
teknemiz kıyıda, çok uzaklarda kaldı.
Nasıl bulurum aynı yeri ben,
nasıl çıkarırım o bitkiyi yeniden?"

Hiçbir şey yoktu yapılacak, yürüdüler yeniden.
İki yüz kilometre yürüdükten sonra karınlarını doyurdular.
Üç yüz kilometre daha yürüyüp konakladılar.
Ve sonunda çevresi surlarla çevrili Uruk'a ulaştılar.

"İşte bu, yeryüzünde eşi olmayan
Uruk kenti," dedi Gılgamış
denizci Urşanabi'ye.
"Çık Uruk'un surlarına da bir bak,
dolaş ve gözden geçir temellerini.
Gözünle gör, hepsi pişmiş tuğladan,
özenle ve ustalıkla yapılmamış mı...
Gözünle gör bakır tepeler gibi ışıldayan duvarlarını,
tırman aklının eremeyeceği kadar eski merdivenlerini,
İştar'a adanmış Enna tapınağını gez ve gör,
bir başka kral yapabilmiş mi
büyüklük ve güzellikte bir benzerini?
Yürü Uruk'u çevreleyen duvarların üstünde,
çepeçevre sardığı toprakları gör.
Sarayları, tapınakları, evleri, dükkânları
ve pazar yerleriyle kentin genişliği üç yüz hektar.
Hurma ağacı ve gül dolu bahçeleri,
bağları da bir o kadar.
Bir o kadar da ekilmemiş toprağı var.
Göz alabildiğince uzanan üç bin hektar
bir alanı kaplıyor üstünde Uruk'un yükseldiği toprak."

Yeryüzünün tüm ülkelerini dolaşmış olan
büyük Kral Gılgamış'ın eseriydi bütün bunlar.
Bilgeydi o, tüm sırları bilirdi.
Tufan'ı ve Tufan'dan önceki günleri bize anlatan oydu.
Çıktığı uzun yolculuktan dönünce,
tüm bildiklerini bir taşın üstüne kazıdı...

12

Gılgamış'ın Ölümü

Gidişi gibi, dönüşü de coşkulu oldu Gılgamış'ın.
Döndüğünü görünce krallarının Uruk halkı,
sevinç gösterileriyle büyük bir şölen başlattı.
"Ölümsüzlüğe ulaşamadım,"
dedi Gılgamış Uruk halkına.
"Bulduğum gençlik otunu da bir yılana kaptırdım.
Ama bilge Utnapiştim'den,
çok değerli bir şeyi öğrendim:
Ölümsüz bir kölesi olmaktansa tanrıların,
onuruyla yaşayan bir ölümlü olmak
daha güzel, daha anlamlı.
Özgürlük daha güzel ve anlamlı köle olmaktan.
Canımızı alsa bile tanrılar,
ben ve kardeşim Enkidu,
onurlu adlarımızla yaşayacağız sonsuza kadar.

Ölümden korkmak değil,
korkusuzca yaşamak yaraşır insana.
Büyük kentler kurmak,
yenilikler peşinden koşmak yaraşır.
İnsan, insan gibi yaşarsa,
aydınlığın peşinden koşarsa vardır.
Unutmayın, aydınlığın peşinden koşanlar,
bir gün mutlaka o ışığı yakalar."

Büyük yolculuğundan döndükten sonra,
nice uzun yıllar Uruk'u yönetti Gılgamış.
Adil bir kraldı, yaşamı boyunca bilgiye değer verdi.
Ölüm korkusu uçup gitmişti artık yüreğinden,
yüce bir kraldı o, halkına iyilikler sunmaktı tek derdi.
Halkının aydınlığı oldu her zaman,
ülkesini sevgi ve adaletle yönetti.
Enlil'in Gılgamış için çizdiği kader gerçekleşti.
Bir gün, uzandı döşeğine,
biliyordu artık geleni,
biliyordu ölümlerin her türlüsünü yendiğini,
bin yıl boyunca anlatılacaktı
onun eşsiz serüveni,
bin yıl boyunca ışık tutacaktı
ardından gelen krallara
aydınlığın peşinde koşan insanlara.
Yattığı döşekten kalkmadı bir daha.
Yeraltı dünyasının kapıcısı Namtar,
onu da çekti karanlığa.

Ağladı tüm Uruk halkı, susmak bilmedi.
Yaktıkları ağıtlar, göklere ulaştı,
tanrılar bile duydu çığlıklarını.

Adaklar sundu Uruk halkı
Ninsuna'nın oğlu Gılgamış için tüm tanrılara.
Karısı, oğlu, çalgıcıları, tüm saray halkı,
Tanrıça Ereşkigal'e, Namtar'a ve bütün öteki tanrılara
adaklar ve armağanlar sundular.
Yerlere şarap döktüler tapınaklarda.
Enlil'e saygıda kusur etmeyen,
Ninsuna'nın oğlu,
insanlar arasında eşsiz yiğit
ve adil hükümdar
ulu Gılgamış,
o gün ayrıldı yeryüzünden.

13

Sonsöz[42]

Ve bu destanla sunuldu sana
ey Uruk'un efendisi Gılgamış,
yeryüzündeki övgülerin en eskisi,
en güçlüsü...
Bin yıl sonra okuyan kadar,
zamanın sonunda yaşayan insanlar bile
etkilenecek senin yaşadıklarından.
Sevgiyle anıp seni,
saygılarını sunacaklar,
alkış tutacaklar kahramanlıklarına.

42 Bu metni uyarlayanın son sözüdür.

Bu destanla yaptıkları yolculukta,
yaşanmamış kadar eski zamanlara,
görecekler ki değişen bir şey yok
yaşadığımız dünyada.
Kötülükler, aynı kötülük.
Güzellikler, aynı güzellik.
Kalırsa, hoş bir yankı kalıyor kulaklarda,
yok olup giderken kötüler ve zalimler.
Yiğitliklerin,
güzelliklerin,
iyiliklerin
ışığıysa yansıyor sonsuza...

Binlerce yıllık yolculuğunda yiğit Gılgamış,
yolun açık ola...

Dizin

Anu 13, 14, 15, 17, 18, 44, 45, 48, 51, 77, 79, 81
Aruru 14, 15, 81
Antu 44
Anzâ 54
Adad 79

Belit-ili 80

Enkidu 7, 15, 17, 18, 19, 20, 21, 22, 23, 24, 25, 27, 28, 29, 30, 31, 32, 33, 34, 35, 36, 37, 39, 40, 41, 45, 46, 47, 48, 49, 51, 52, 53, 54, 56, 57, 58, 59, 60, 61, 67, 68, 72, 74, 89
Ea 18, 51, 77, 78, 83
Enlil 18, 22, 23, 24, 39, 40, 41, 48, 51, 77, 81, 83, 84, 90, 91
Etana 51
Ereşkigal 51, 59, 91
Ennugi 77

Humbaba 23, 24, 25, 27, 28, 30, 31, 32, 33, 34, 35, 36, 38, 39, 40, 41, 48, 58, 67
Haniş 79

İştar 13, 17, 34, 42, 44, 45, 46, 47, 52, 53, 57, 59, 88
İrnini 34
İnanna 41

Lugalbanda 14, 27, 46

Mammetum 75

Ninsuna 14, 18, 22, 25, 32, 91
Ninurta 15, 77, 79, 83
Namtar 59, 90, 91
Nergal 79

Puzur Amurru 79

Şullat 79
Şiduri 66, 67, 68, 69, 73
Şin 59, 62
Şamhat 17, 18, 19, 20, 21, 52, 53
Şamaş 18, 25, 27, 28, 29, 30, 31, 32, 39, 45, 51, 52, 53, 59, 69, 79

Tammuz 43, 59

Ula 57
Utnapiştim 9, 61, 63, 66, 68, 69, 70, 71, 72, 73, 76, 83, 84, 85, 86, 89
Urşanabi 69, 70, 71, 85, 86, 87, 88
Ubar-Tutu 77